# El *trader* Zen

PETER CASTLE

# El *trader* Zen

*Cómo la sabiduría antigua puede ayudarte*
*a dominar tu mente... y los mercados*

EDICIONES OBELISCO

Si este libro le ha interesado y desea que le mantengamos informado
de nuestras publicaciones, escríbanos indicándonos qué temas son de su interés
(Astrología, Autoayuda, Psicología, Artes Marciales, Naturismo,
Espiritualidad, Tradición…) y gustosamente le complaceremos.

Puede consultar nuestro catálogo en www.edicionesobelisco.com

**Colección Éxito**
EL *TRADER* ZEN
*Peter Castle*

Título original: *The Zen Trader*

1.ª edición: febrero de 2023

Traducción: *Manuel Manzano*
Maquetación: *Juan Bejarano*
Corrección: *M.ª Jesús Rodríguez*
Diseño de cubierta: *Carol Briceño*
© Harriman House Ltd.

© 2022, Peter Castle
Obra originalmente publicada por Harriman House Ltd, UK, en 2022
www.harriman-house.com
(Reservados todos los derechos)
© 2023, Ediciones Obelisco, S. L.
(Reservados los derechos para la presente edición)

Edita: Ediciones Obelisco, S. L.
Collita, 23-25. Pol. Ind. Molí de la Bastida
08191 Rubí - Barcelona - España
Tel. 93 309 85 25
E-mail: info@edicionesobelisco.com

ISBN: 978-84-9111-963-0
Depósito Legal: B-22.728-2022

Impreso en los talleres gráficos de Romanyà/Valls S. A.
Verdaguer, 1 - 08786 Capellades - Barcelona

*Printed in Spain*

Me gustaría dedicar este libro a mis padres.

A mi madre, Rona Mary Castle, quien reconoció desde el principio de mi crianza que el mejor papel para ella como madre era confiar en mí y dejarme ser la persona en la que quería convertirme. Y a mi padre, Kevin Charles Castle, quien, a pesar de su pensamiento conservador y más rígido, junto con una cierta desconfianza en el mercado de valores, me dio como regalo de Navidad (en 1999) el libro *Market Wizards* y escribió la siguiente dedicatoria: «A Pete. ¡Que algún día tú también te conviertas en un mago del mercado!».

Te quiero, papá.

# PREFACIO

Peter Castle ha sido *trader* durante 27 años, 22 de ellos a tiempo completo.

Peter Castle (Taishin Shodo) también es un sacerdote Zen ordenado.

En éste, su segundo libro sobre *trading*, Peter explica la sabiduría de la psicología Zen y su relevancia para una mentalidad de *trading*. Para operar bien, vivir feliz y tener éxito, se necesita calma y tranquilidad. Una vez que se logran esas cualidades mentales, viene la comprensión de lo que significa ser verdaderamente uno con el mercado.

Después de muchos años de estudiar budismo en toda Asia (Vietnam, Tailandia, Taiwán y Japón), así como de dos años como residente en un monasterio en el que estudió la tradición tibetana *kadampa*, Peter fue ordenado sacerdote en la Orden Zen del Camino Ilimitado (Mugendo Zen Kai). Esta tradición está oficialmente reconocida y asociada con la tradición Rinzai Zen de Japón.

# PRÓLOGO DEL
# DR. ALEXANDER ELDER

Tengo poca experiencia directa con el Zen. Mi contacto más cercano con el budismo fue hace una década, cuando una casa junto a la mía en el centro de Manhattan resultó ser un pequeño monasterio budista. Fui a algunos de sus eventos públicos. El encargado, un estadounidense, tenía coche, novia, era dueño de una granja en un estado vecino y disfrutaba de sus bistecs y su vino. Gente muy agradable, aunque bastante alejada del canon occidental de pobreza, castidad y obediencia.

Al leer el manuscrito de Peter, inmediatamente vi su enfoque en la psicología del *trading*, el factor esencial en el éxito o el fracaso de cualquier *trader*. El papel crucial de la psicología es algo que muchos *traders* y la mayoría de los principiantes no reconocen.

El aspecto técnico del *trading* es bastante sencillo. Al analizar los mercados, manejamos sólo cinco números para cualquier barra o vela: precios de apertura, máximos, mínimos y de cierre, junto con el volumen. Un puñado de indicadores técnicos te ayudarán a analizar esos números y llegar a una conclusión razonable sobre si hay una operación en primer lugar, y si la hay, si debe ser desde en largo o en corto. Esto es algo que puedo enseñarle a una persona promedio en menos de una semana.

Desarrollar una psicología del *trading* sólida lleva mucho más tiempo. Podrían ser años. Hay varios caminos que puedes tomar para desarrollar las actitudes y habilidades necesarias. Debes seleccionar un camino que te atraiga emocionalmente y permanecer en él. En de Peter es una de esas opciones.

En mi primer libro escribí cómo aplicar los principios de Alcohólicos Anónimos al *trading*, en particular a la prevención de pérdidas. En los últimos años comencé a enfatizar la importancia de mantener registros para aprender de la experiencia. Yo digo: «Muéstrame un *trader* con buenos registros, y te mostraré un buen *trader*».

En una conferencia en Texas, conocí a una anciana, exbibliotecaria escolar, que se convirtió en una *trader* activa y muy exitosa después de jubilarse y recibir una herencia. Era muy religiosa y se consideraba servidora del dinero del Señor. Rezaba y operaba, y si una operación iba mal, aunque fuera sólo un poco, salía rápidamente de ella porque consideraba que aquel dinero no era suyo para perderlo.

La cuestión aquí es que cada *trader* de éxito tiene su psicología bien organizada. Cada uno de nosotros necesita encontrar el camino hacia el éxito. Al elegir el libro de Peter, estás dando un paso importante en la dirección correcta. En cuanto leas estas páginas atractivas y personales, descubrirás que su enfoque Zen te atrae.

Te deseo éxito,

Dr. Alexander Elder
SpikeTrade.com
Nueva York, 2021

# INTRODUCCIÓN

Este libro está escrito con un propósito: comparar y conectar los métodos de *trading* con las filosofías y técnicas del Zen. La intención es mostrarle al lector que adoptar el Zen en su *trading* y en su vida mejorará no sólo su situación financiera, sino también su felicidad y bienestar general.

Cada capítulo muestra comparaciones entre el *trading* y el Zen, y demuestra cómo la adopción de un enfoque Zen elevará tu rendimiento como *trader* (o inversor) y traerá más paz y ganancias a tu vida.

Muchos *traders* profesionales hablan de sus ventajas. Por ejemplo, una ventaja puede ser un sistema de *trading* basado en probabilidades matemáticas. Otra ventaja puede ser aprovechar las anomalías del mercado, o quizá operar en mercados no correlacionados para distribuir el riesgo y reducir la volatilidad de la cartera. Esos son sólo tres ejemplos entre la miríada existente. Sin embargo, este libro te ofrece la mayor ventaja de todas: una mentalidad Zen.

Uno de los principales objetivos de mi carrera de *trader* ha sido ganar dinero de la manera más segura y fácil posible, sin métodos complejos que consuman mucho tiempo. Otro objetivo igualmente importante era poder operar con un estrés mínimo.

Entonces, ¿cómo me las arreglé para hacer eso como *trader* a tiempo completo durante 20 años? ¿Para sobrevivir, beneficiarme y mantener mi cordura? Bueno, no lo hice; pero, por otro lado, sí lo he hecho. Si esto te suena paradójico, tal vez lo sea. El Zen puede ser así.

Déjame explicarlo.

Uno de mis primeros profesores de *trading* afirmaba que muchas personas se sienten atraídas por el *trading* por razones equivocadas. Yo suponía que no era una de esas personas. Sin embargo, me di cuenta (por desgracia, mucho más tarde de lo que hubiera querido) de que yo también entraba en esa categoría. Como aspirantes a *traders* creemos que nos conocemos bien, pero en muchos casos no es así.

El mismo profesor me advirtió de que el mercado me apuntaría como un misil buscador de calor y encontraría cualquier fragilidad o debilidad emocional que tuviera. Ésa era una opinión muy desafiante. Por un lado, no me lo creía; pero por el otro, me provocaba una sensación incómoda. Ahora, en retrospectiva, soy consciente de que fue una de mis primeras experiencias darme cuenta de que en realidad no me conocía muy bien a mí mismo y, ciertamente, no escuchaba a mi intuición.

Cuando comencé a operar en 1995, estaba en forma, bien informado, había viajado mucho, confiaba en el éxito de mi negocio y era propietario de algunas inversiones inmobiliarias. Sin embargo, incluso a esa edad relativamente joven, me conocía lo suficiente como para darme cuenta de que el desafío de operar no sería financiero, técnico o académico, sino emocional. Honestamente debo admitir que no tenía idea de en qué me estaba metiendo.

El *trader* a tiempo completo era difícil. Empecé en enero de 2000: fue un bautismo de fuego. En marzo de 2000, las acciones tecnológicas de Estados Unidos se derrumbaron, lo que provocó la caída de los mercados en todo el mundo. Los ataques terroristas del 11 de septiembre se produjeron en 2001 y los mercados volvieron a caer, sin recuperarse hasta que, en 2003, se lanzó la primera bomba sobre Bagdad, dando comienzo a la guerra de Irak.

Fue una de mis primeras lecciones importantes sobre cómo los mercados odian la incertidumbre. Una vez que la coalición liderada por Estados Unidos decidió invadir Irak, eliminando un gran elemento de incertidumbre política, los mercados subieron. A partir de entonces, continuaron subiendo hasta que en 2007 comenzaron los rumores sobre las hipotecas de alto riesgo, que culminaron con la crisis financiera mundial (la Gran Recesión) en 2008. Me perdí el movimiento inicial del mercado entre 2003 y 2005, pero logré captar una gran parte del repunte entre 2006 y 2007.

Sobre los altibajos, logré generar ganancias aquí y allá, y sobreviví. Pero recuerdo que a menudo pensaba: «Guau, alguien podría ganar mucho dinero con el *trading* si supiera lo que está haciendo». Fue en ese momento cuando comencé a ver por qué no me apegaría o no podría apegarme a mis sistemas. Algunos malos hábitos se habían colado en mi manera de operar. Era un buen analista y, al ser además una persona visual y creativa, podía recordar cosas como los patrones de gráficos, la volatilidad de una acción o el comportamiento del precio, y cómo muchas tendencias parecen comenzar de la misma manera. Sin embargo, no podía ceñirme a ninguna idea. Seguía cambiando de opinión, buscando diferentes técnicas y métodos. Me distraía fácilmente de un método que había desarrollado sólo para volver a retomarlo más tarde y descubrir cómo había funcionado. El análisis no era el problema, tenía una buena tasa de ganancias con mi toma de decisiones. En un momento dado, a pesar de una tasa de ganancias del 90 % al negociar una campaña de opciones durante varios meses, no pude ganar dinero debido únicamente a mi atroz falta de disciplina al comprometerme con órdenes de venta. Los métodos de dimensionamiento del *trading* deficientes e inconsistentes tampoco ayudaron. El problema era algo más profundo y estaba decidido a encontrarlo.

Entonces, di con una señal poco probable en mi viaje como *trader*: Alcohólicos Anónimos.

A principios de 2003, me había trasladado a un pueblo para restaurar una pequeña casa de campo. Estaba cansado, frustrado, deprimido y necesitaba desesperadamente un descanso del *trading*. Mientras pintaba la casa, escuchaba la cadena de radio local, en la que oía anuncios de reuniones de AA. Recordé la recomendación del *coach* de *trading*, el Dr. Elder, de asistir a una de esas reuniones, y lo hice (aunque estaba completamente seguro de que no era alcohólico). Mi breve asociación con AA fue mi primera experiencia verdaderamente espiritual, porque lo que aprendí fue que el programa de 12 pasos de AA es un método espiritual de rehabilitación. La lección que el Dr. Elder trataba de enseñarme quedó clara. Tenía algunos problemas en los que necesitaba trabajar, el principal era mi adicción al mercado y al *trading*.

No era alcohólico, pero sí jugador.

Me fijé en algo peculiar sobre los *coach* de *trading* y otros sobre los que estaba leyendo. El Dr. Elder era fanático de AA y de su mensaje espiritual. Ed Seykota, bien conocido por sus metodologías de seguimiento de tendencias, dedicaba muchas páginas de su sitio web a su propia marca de espiritualidad, una mezcla de filosofías budista e india americana. El trabajo de Mark Douglas tiene sus raíces en la filosofía oriental y la psicología moderna, expresadas en su libro *Trading en la zona*. El Dr. Van Tharp era un practicante y devoto de la Oneness Organisation, de Chennai, India, una organización inmersa en las tradiciones espirituales del hinduismo. En Australia, el *coach* de *trading* e inversión Colin Nicholson (aunque sin afiliación espiritual directa) a menudo hablaba sobre la necesidad de gratitud, inteligencia emocional y gratificación aplazada, todos conceptos espirituales de los sabios de antaño.

Luego, por supuesto, estoy yo y mi interés por el Zen. Entonces, ¿qué es lo que hace que el Zen sea diferente de esas otras formas de pensamiento, particularmente como una forma de pensar más adecuada para el *trading*?

En mi opinión, hay dos obstáculos para el éxito comercial. Y el Zen puede resolver ambos.

En mi primer libro, *Mindful Trading Using Winning Probability*, expliqué que esos obstáculos son:

1. Los *trader* no tienen un sistema o método para operar.
2. Aunque tengan un método, no lo siguen.

Mi primer libro estaba dedicado al primer obstáculo y en él explicaba con detalle un método muy simple de seguimiento de tendencias. Este nuevo libro explica y desglosa el segundo obstáculo, que afecta a casi todos los *traders* y es una barrera importante para el éxito en los mercados. Durante ese proceso, profundizamos en el Zen y exploramos por qué es una herramienta tan poderosa para tener en tu caja de herramientas de *trading*.

Si vamos a utilizar el Zen como una herramienta de *trading*, ¿cómo reconciliar la filosofía del budismo Zen con el *trading*, ya que a primera vista podría parecer que se contradicen?

Mis motivos iniciales para entrar en el *trading* fueron principalmente egoístas. Tenía metas que quería lograr, y para alcanzar esas metas necesitaba dinero. Sin embargo, aparte del dinero, una de los objetivos más importantes era un estilo de vida alternativo al que estaba viviendo. El cansancio de la rutina diaria de ser el propietario y director de un negocio de reparación de automóviles muy ocupado me llevó al deseo de crear un mejor equilibrio en mi vida. Desde el comienzo de mi carrera en el *trading*, era muy consciente de que el desarrollo personal continuo sería un componente importante del desafío que tenía por delante. La espiritualidad, el budismo y finalmente el Zen surgieron de mi interés y deseo de desarrollarme como persona. El viaje de mi vida, desde dejar un internado privado a los 16 años para comenzar un oficio como pintor de automóviles, después convertirme en un pequeño empresario/*trader*/maestro y ahora ordenado sacerdote Zen, me ha sorprendido quizá más que a nadie.

Una de las muchas similitudes entre el *trading* y el Zen es que cuando aprendes algo, crees que lo sabes. Al repasar la lección quizás años más tarde, verás todo bajo una luz diferente. Antes de publicar este libro, se lo di a algunos de mis clientes más experimentados para que lo leyeran. Recibí una respuesta común: no habrían apreciado ni entendido el contenido como *traders* principiantes tanto como lo hacen ahora. Así que, si eres un principiante, cuando termines de leer este libro, vuelve a leerlo más adelante. Si eres un *trader* intermedio o experimentado, asentirás con la cabeza y también despertarás a nuevas posibilidades y conocimientos.

En este libro se menciona a menudo el logro de una mente tranquila y en paz. En este mundo agitado y a veces loco en el que vivimos, esas cualidades pueden ser raras. Mientras escribo, el mundo se encuentra en medio de la crisis de la COVID, un ejemplo perfecto de cuán impredecible e incierta puede volverse la vida rápidamente. Tras haberme dedicado al *trading* a tiempo completo durante dos décadas, junto con el hecho de enseñar a operar durante más de diez años, mi experiencia es que la calma y una mente en paz son los ingredientes que les faltan a la mayoría de los *traders*. De hecho, como practicante del budismo Zen, considero que estos mismos ingredientes también les faltan a algunos de los que ya están en el camino del Zen.

Puede ser un camino simple, pero debido a nuestras complejidades humanas, complicamos tanto el *trading* como el Zen. De alguna manera, debemos hacer las cosas más simples.

Los humanos aportamos nuestras fortalezas y debilidades a cada circunstancia de la vida. Como decimos en el Zen, «lleva tu mente contigo a dondequiera que vayas». Hasta que puedas estar tranquilo en el caos que te rodea y tengas la presencia de ánimo para actuar en consecuencia, la paz y el beneficio serán esquivos.

Vivimos en un mundo de conocimientos y recursos increíbles. Hay miles de libros, cursos, entrenadores, programas de *software* y seminarios *web* sobre el *trading*, la lista es casi interminable. No hay escasez de conocimientos técnicos.

También hay miles de libros y cursos sobre mentalidad y meditación. Psicólogos y psiquiatras han ideado métodos y cursos de autodesarrollo en el *trading*. Hay medicamentos, suplementos e incluso estimulantes disponibles para ayudar al aspirante a *trader*.

A pesar de todo lo anterior, la tasa de éxito de los *traders* sigue siendo baja. ¿Es todo demasiado difícil? ¿Es posible? ¿O es que buscamos en el lugar equivocado?

Yo creo que es esto último. Este libro abordará esa situación utilizando el Zen: una forma de pensar y de vida reconocida por su claridad y calma. Si tener éxito consiste en modelar métodos o personas de éxito, entonces modelar un método que genere paz y calma es lo que se necesita para ser un buen *trader*. Todos comenzamos a operar para brindar más oportunidades y libertad a nuestras vidas, no más sufrimiento.

Las similitudes entre el *trading* y el Zen son inmensas. Son procesos simples pero no necesariamente fáciles de seguir. Sin embargo, las recompensas también son inmensas, tanto a nivel personal como profesional. Como *traders* y también como seres humanos que deseamos evolucionar y mejorar, debemos buscar métodos que funcionen. Métodos que tienen mérito y han sido probados con el tiempo. El Zen es uno de esos métodos.

# Los dos obstáculos para tu éxito comercial

En mi opinión, operar es fácil, pero nosotros lo convertimos en algo difícil. Lo volvemos difícil porque nos enfrentamos a dos obstáculos para alcanzar el éxito. Los he mencionado en la introducción, pero vale la pena repetirlos:

1. Los *traders* no tienen un sistema o método para operar.
2. Aunque tengan un método, no lo siguen.

## IDENTIFICACIÓN E IMPLEMENTACIÓN DE UN MÉTODO DE *TRADING*

Como se ha mencionado en la introducción, muchos métodos de *trading* tienen que ver con la probabilidad, a menudo se utilizan sistemas con reglas establecidas para producir una ventaja matemática. Una ventaja matemática no necesita ser compleja. Una ventaja es simplemente cuando la probabilidad de tu método puede generar constantemente más ganancias que pérdidas. En *trading* se puede obtener una ventaja matemática de muchas maneras, y existen muchos métodos diferentes que proporcionan una ventaja. Sin embargo, para la mayoría de los *traders*, una ventaja numérica no es suficiente para superar el problema de no apegarse a un método, debido a las emociones intensas que ello implica.

Mi primer libro, *Mindful Trading Using Winning Probability*, se centra en el método y la probabilidad, y muestra por qué y dónde están las ventajas en un sistema de *trading* sólido. Ese sistema tiene una tasa de ganancias de alrededor del 50 % y una proporción de operaciones ganadoras y perdedoras de casi 4 a 1. Hablaré de un sistema similar más adelante en este libro. (Te sugiero que no vayas a buscarlo ahora. Si lo haces, estarás cometiendo el error típico de los *traders* perdedores: ¡la impaciencia!) Dado que las operaciones ganadoras casi cuadruplican las operaciones perdedoras, debería ser obvio para ti que si te apegas a ese método, con el tiempo el sistema será altamente rentable.

Muchos *traders* no tienen un sistema basado en la probabilidad; comienzan a operar sin un método sólido. Es preferible que utilicen un método que sea lo más simple posible, que facilite a los aspirantes a *traders* a dar los primeros pasos en el camino hacia el dominio del *trading*. A la mayoría de los aspirantes a *traders* no se les enseña un método simple al comienzo de su educación. A menudo prueban demasiados métodos o les enseñan métodos complejos y confusos, lo que dificulta el cumplimiento de los procesos.

Un ejemplo de un proceso de entrenamiento simple se puede encontrar en la película *Karate Kid*. El maestro de artes marciales japonés le enseña a su alumno a pulir coches encerándolos con una mano y frotándolos con la otra, un proceso aparentemente sin importancia y aburrido. Sólo más tarde, mientras se defiende durante un combate, el estudiante se da cuenta de la importancia de dominar los conceptos básicos de los movimientos de manos repetitivos y coordinados.

Sé por propia experiencia en el *trading* y por la observación de colegas y estudiantes, que muchos operadores tendrán dificultades para confiar e implementar no sólo mis sistemas, sino cualquier sistema o método, incluso uno que hayan desarrollado ellos mismos, sin importar cuán simple sea.

## LA DIFICULTAD DE ADHERIRSE A UN MÉTODO

No ser capaz de apegarse a un método es algo que muchos *traders* no se dan cuenta de que es un problema. Parece que los principiantes tardan algunos años en ver que se están saboteando a sí mismos. No importa cuán lógico, racional, convincente o aparentemente sólido sea un sistema comercial; no importa si se opera de manera manual, automática o bajo el consejo de otro; el éxito general de la estrategia está determinado por la capacidad del *trader* para hacer frente a sus emociones, que son creadas por su interpretación de la volatilidad del mercado.

Hay tantos métodos como *traders*, y como ya se ha mencionado, el porcentaje de *traders* de éxito es muy bajo: tan bajo como de un 5 % a un 10 %. Obviamente, hay otro obstáculo para el éxito en el *trading* además de obtener un método simple con una ventaja matemática.

La razón por la que tú (u otros *traders*) no seguirás un método no es complicada: la respuesta simple es el miedo. Miedo a un resultado no deseado, junto con emociones complicadas, y a menudo confusas, que surgen cuando los *traders* se enfrentan a la incertidumbre.

Muchos *traders* expertos han ofrecido opiniones sobre la psicología involucrada en el *trading*. A continuación, enumero algunos de los consejos y opiniones predominantes, muchos de los cuales estoy seguro de que tú mismo has descubierto o escuchado antes:

- Aceptar profundamente las pérdidas es el santo grial del *trading*.
- Tienes que ser pacífico y tranquilo, pero atacar rápidamente cuando sea necesario.
- La única garantía en el *trading* es que perderás.
- La habilidad más importante es aceptar las pérdidas.
- No se trata de tener el método perfecto, sino de poseer la mente perfecta.
- No repitas el mismo proceso que no funciona.
- Tus reglas son tan fuertes como las emociones que las crearon.
- Tu subconsciente gobierna tu comportamiento.
- El *trading* tiene que ver con tu programación subconsciente.
- El subconsciente determina cuánto dinero ganas o pierdes.
- Incluso las personas inteligentes pierden por culpa de sus emociones y su subconsciente.
- Cuando una operación va en tu contra, te pones nervioso y tenso. No puedes pensar con claridad.

- El mercado funciona tomando dinero de los *traders* emocionales y dándoselo a los *traders* tranquilos.
- Los *traders* expertos pierden a menudo.
- Los *traders* expertos no se toman las pérdidas como algo personal.
- Los *traders* expertos separan su ego e identidad de su desempeño en el *trading*.
- A los *traders* expertos no les importa perder.
- Los *traders* expertos no tienen la necesidad de una gratificación instantánea.
- Los *traders* expertos no tienen necesidad de gratificación externa sobre su identidad.
- Operar es apostar.
- Te avergüenzas cuando pierdes.
- Perder te hace sentir menos hombre (o mujer, aunque la mayoría de los *traders* son hombres).
- El *trading* te dará retroalimentación instantánea sobre fracasar.
- Tu mente destruye tus resultados de *trading*.
- Sientes que no eres lo suficientemente bueno.
- Si sientes que eres un perdedor, la próxima operación que realices te generará una pérdida.
- No te castigues por perder, simplemente acéptalo.
- Tus desafíos de *trading* reflejan los defectos de tu personalidad.
- Necesitas unas agallas enormes para ser un buen *trader*.

Si continuara con esta lista, llenaría el capítulo, pero estoy seguro de que te haces una idea de la complejidad de las emociones que surgen cuando operamos. Por lo tanto, es comprensible que incluso después de años de estudio y quizá una capacitación costosa para aprender a operar, muchos *traders* no puedan operar con éxito. Queda claro que algo está mal en lo que se enseña sobre cómo los *traders* pueden hacer frente a los obstáculos. No sólo hacer frente, sino tener éxito, y finalmente lidiar con los demonios que plagan los resultados comerciales.

Por lo tanto, debemos explorar por qué a los *traders* les resulta tan difícil comprometerse con el método elegido, tanto si es un método sistemático como si es uno discrecional. Si realmente es sólo el miedo lo que crea la mayor parte de los desafíos comerciales, ¿cómo puede el Zen eliminar ese obstáculo?

Un problema puede tener una solución simple, pero parece que a menudo queremos una respuesta complicada. En el Zen, muchas respuestas a los problemas son simples. Te mostraré por qué el Zen es la solución: una solución simple. Dominar las técnicas puede no ser fácil, pero te aseguro que es la respuesta que evitará que el miedo obstaculice tu éxito.

## PROVERBIO ZEN

Si puedes resolver el problema,
entonces, ¿por qué necesitas preocuparte?
Si no puedes resolverlo
entonces, ¿de qué sirve preocuparte?

## RESUMEN DEL CAPÍTULO

- El *trading* en sí puede ser simple, pero las emociones del *trading* a menudo son difíciles.
- A la mayoría de los *traders* les resulta difícil comprometerse con un método, incluso con aquellos que les brindan buenas probabilidades de ganar.
- Existe una solución que nos permite superar el miedo a operar.

# 2

# El Zen es la solución
# al segundo obstáculo

El término «obstáculo» (la palabra «impedimento» también se utiliza a menudo) en Zen se refiere a un obstáculo en tu mente. Dichos obstáculos son como tener algo en el camino que te impide realizar el recorrido que tú quieres. Sin embargo, en este caso estoy hablando más de un obstáculo mental que físico. Buda tenía mucho que decir acerca de estos límites invisibles en nuestras mentes.

## UNA INTRODUCCIÓN AL ZEN

Antes de continuar, quiero enfatizar lo desafiante que es explicar el Zen, ya que es más una experiencia (como el *trading*) que una teoría a describir. Muchas personas antes que yo, mucho más eruditos que yo han intentado explicar lo que algunos consideran inexplicable. A pesar de eso, aquí está mi humilde intento de exponer las similitudes entre la gran y desafiante profesión del *trading* y las profundas filosofías del Zen. Para obtener la experiencia completa del Zen, debes practicarlo en lugar de leer acerca del tema: y ésta es sólo una de las muchas correlaciones entre el *trading* y el Zen. Considero el *trading* como una profesión, y cualquier profesión que desees dominar requiere teoría y práctica: no te convertirás en un *trader* experto sin asumir riesgos y operar realmente.

Del mismo modo, no obtendrás una gran conciencia del Zen sin llevarlo a la práctica. La teoría sola no es suficiente.

El Zen no tiene expectativas religiosas y no te pide que creas en nada. De hecho, fomenta la duda y el pensamiento libre, las cualidades exactas que también necesitas para convertirte en un buen *trader*. El Zen quizá esté más alineado con el concepto del Gran Espíritu de los nativos americanos, o con la filosofía taoísta de fluir con la naturaleza y aceptar la dureza y la belleza de la vida, o lo que algunos llaman «aquello que es».

Es importante aclarar algunas cosas sobre el budismo Zen. El Zen es más una filosofía y un sistema de vida que una religión. El *Oxford English Dictionary* define la religión como «La creencia y la adoración de un poder de control sobrehumano, especialmente un Dios o dioses personales». El Zen no es eso.

Conocer un poco la historia budista puede ayudarnos a comprender la filosofía simple del Zen.

El budismo Zen respeta las enseñanzas de Buda, pero a Buda no se le considera un poder controlador sobrehumano ni un dios. Buda era humano, académico y miembro de la realeza. Pertenecía a la clase Shakya, reconocida por sus habilidades guerreras y ministeriales, así como por sus habilidades científicas y artísticas.

Buda se sintió frustrado con las religiones de su época y los variados sistemas de creencias, por lo que hizo una declaración radical. De hecho, hizo cuatro, y las llamó las Cuatro Nobles Verdades, que son:

1. La vida es sufrimiento (la palabra «sufrimiento» se ha interpretado muchas veces como «descontento»).
2. La causa del sufrimiento (descontento) es el apego.
3. Es posible acabar con el sufrimiento.
4. Existe un método para lograr el fin del sufrimiento.

Las cuatro declaraciones anteriores se pueden reducir a dos, más relevantes para los *traders*: la vida es sufrimiento y la causa del sufrimiento es el apego. Es decir, operar produce mucho descontento y nosotros mismos producimos el sufrimiento debido a nuestro apego al resultado de nuestras operaciones.

O, descrito de otra manera: a nadie le gusta perder o sentirse fracasado porque afecta profundamente a nuestro equilibrio mental.

## SALTOS EN LA REALIZACIÓN

La comprensión de que el primer obstáculo para el éxito comercial es no tener un método probable es un salto cuántico en tu desarrollo como *trader*. Considero que usar un método probable es el comienzo del dominio del *trading*. Sin embargo, los mayores asesinos del éxito comercial son el estrés y la preocupación. Desafortunadamente, incluso un buen método no parece resolver ese problema para la mayoría de los *traders*. Muchos de nosotros entramos a los mercados con la intención de mejorar nuestras vidas a través de la independencia financiera, no para hacer que la vida sea más desafiante de lo que ya puede ser. El estrés y la preocupación surgen a través de la incertidumbre y, para algunos *traders*, el miedo se ve agravado por el trauma de las pérdidas pasadas.

El trauma provocado por la pérdida financiera no es algo fácil de recuperar. Algunas personas nunca se recuperan y durante el resto de sus vidas tienen miedo de operar o invertir. Para algunos *traders* experimentados, el trauma del *trading* existe durante muchos años como un estado de frustración, una frustración provocada por resultados continuamente bajos o negativos. Sin embargo, si puedes eliminar el estrés y reemplazar las emociones problemáticas con una mente tranquila y pacífica (como resultado del desapego), podrás operar mejor. Mucho mejor.

Aceptar lo que es, aprender a no apegarse, reconocer y liberarse del trauma, y abrir la mentes a nuevas filosofías y maneras de pensar no es lo que los *traders* piensan que deben hacer al principio. Aunque la mayoría de los *traders* finalmente se dan cuenta de que los desafíos emocionales del *trading* inhiben su desempeño, aún no se dan cuenta de que el obstáculo del apego es el verdadero impedimento. Empiezan a buscar otras soluciones al problema y evitan el trabajo de introspección personal, cayendo a menudo en la trampa de intentar controlar en exceso sus cuentas de *trading* mediante el uso de estrategias cada vez más complejas. Eso rara vez funciona.

# Historia personal del *trading* de Pete

Asistía en Japón a un retiro como parte de mi preparación para la ordenación del sacerdocio. Aunque ese viaje no tenía nada que ver con la educación del *trading*, nunca pierdo la oportunidad de reconocer y examinar las similitudes entre el *trading* y el Zen. Todas las noches, después de la cena, el abad y yo caminábamos, casi siempre en silencio. Los maestros Zen son famosos por su uso de pocas palabras y sus respuestas, a veces molestas, breves y en apariencia oscuras. A mitad del paseo, en un mirador sobre el mar de Japón, me volví hacia él y le pregunté: «Si hubiera un consejo, sólo uno, que pudieras darle a un aspirante a practicante, ¿cuál sería?». Sin dudarlo, y en un inglés perfecto, su fuerte acento desapareció misteriosamente en ese momento, se volvió hacia mí y dijo: «Introspección personal», seguido de una frase con fuerte acento: «Ahora caminemos de regreso». Volvimos en silencio, mi lección había terminado por ese día.

## PROVERBIO ZEN

Los obstáculos
no bloquean el camino;
son el camino.

## RESUMEN DEL CAPÍTULO

- El Zen es una filosofía y una forma de vida, más que una religión.
- El *trading* y la vida son difíciles, la clave para vencer y dejar de sufrir es aprender a no apegarse.
- La introspección personal es un factor importante para tener éxito.

# 3

# Obstáculos de la lógica

En lugar de aprender a desapegarse, los *traders* buscan el máximo control en un intento de lidiar con el segundo obstáculo. Aplican la siguiente forma de lógica y combinan esa lógica con el máximo control. Por ejemplo, el siguiente pensamiento entre los *traders* es común y parece lógico, pero no está utilizando el poderoso método del desapego del Zen.

Los *traders* piensan que si operan con frecuencia y con éxito, pueden ganar una gran cantidad de dinero. Sin embargo, dentro de esas dos palabras, «frecuencia» y «éxito», se encuentra el desafío.

Muchos *traders* piensan que cuanto más acorten su marco de tiempo de *trading*, mejor. Sin embargo, mejorar también requiere que sus métodos logren una mayor tasa de éxito. Esto se debe a que, en muchos casos, un marco de tiempo de *trading* más corto puede inclinar de manera drástica a la baja la probabilidad matemática de ganar consistentemente con una gran *ratio* de beneficio. Para muchos *traders*, es dentro de las tendencias a más largo plazo de los marcos de tiempo diarios, semanales e incluso mensuales cuando pueden ganar grandes cantidades de dinero. Estoy seguro de que muchos de vosotros habéis negociado acciones a corto plazo, por lo que pensasteis que era una buena ganancia, sólo para volver a examinar la acción más tarde y ver que se había disparado mucho más allá de su precio de salida. A menudo, en el *trading*, menos operaciones pueden significar más ganancias. Ejercer menos control y fluir con los movimientos del mercado a menudo da un mejor resultado, y esa metodología se puede aplicar a cualquier período de *trading*.

## EL TIEMPO ES UNA ELECCIÓN DIFÍCIL

Directamente relacionada con la cuestión del control, una de las decisiones más difíciles que deberás tomar cuando operes es: ¿qué marco de tiempo de *trading* utilizarás para ejecutar tu método? La mayoría de los principiantes comienzan analizando y luego operando las acciones en un marco de tiempo diario. Centrar la mayor parte de tu atención en el análisis de los gráficos diarios crea una expectativa, y luego una necesidad, de analizar los gráficos y el rendimiento de las acciones individuales durante el día. El análisis de los gráficos en escalas de tiempo intradiarias parece conducir al deseo de acortar el marco de tiempo a gráficos de cuatro horas o incluso menos, tal vez gráficos de una hora o incluso de diez o de cinco minutos. El problema aquí es que no te enfocas en lo más importante: desarrollar tu mente para desapegarte de los resultados no deseados.

De hecho, estás haciendo lo contrario: intentas ejercer más control sobre una situación incontrolable. No puedes controlar el mercado observándolo en un marco de tiempo más corto, pero puedes controlar cómo respondes a él. Fíjate en que no he utilizado la palabra «reaccionar», ya que son las reacciones descuidadas en tu *trading* las que el Zen te ayudará a eliminar.

Algunos *traders* acortan su marco de tiempo de operaciones porque creen que ése es el requisito para ganar mucho dinero. De lo que no son conscientes es de la gran posibilidad de que simplemente estén reaccionando a sentimientos desagradables, sentimientos creados por sus pensamientos sobre los movimientos del mercado. Los sentimientos desagradables crean un deseo de controlar. El control que tienen al alcance de la mano es comprar y vender con frecuencia, para aliviar emociones incómodas. Pero de ese modo es probable que sólo agraven los obstáculos existentes y creen otros nuevos.

## EL *TRADING* FRECUENTE PUEDE AUMENTAR LOS OBSTÁCULOS

Teniendo en cuenta que, según las estadísticas, entre el 90 % y el 95 % de los *traders* pierden o alcanzan el punto de equilibrio, una de las razones del bajo rendimiento es probablemente que compran y venden en el momento equivocado. Eso puede ser el resultado de operar con demasiada frecuencia.

Aumentar tu marco de tiempo a gráficos semanales, o incluso mensuales, para el análisis e incluso el *trading* podría ser la mejor opción para ubicarte en el área donde residen los ganadores, lejos de los perdedores invadidos por la ansiedad que estudian detenidamente los gráficos todos los días.

Mi experiencia personal en el *trading* y en el adiestramiento de otros no me dejan ninguna duda de que el *trading* a corto plazo es más desafiante que el *trading* a largo plazo. Sin embargo, muchos encuentran difícil el *trading* a largo plazo, debido a los desafíos del aburrimiento y la necesidad de practicar la gratificación aplazada. Parece que no hay manera de escapar del componente emocional del *trading*, tanto si se opera a corto plazo como si se opera a largo plazo. Cualquiera que sea tu preferencia u objetivos de escala de tiempo, dar un paso atrás para ver el panorama general puede ayudarte a desconectarte de los movimientos a corto plazo del mercado. Después de todo, el desapego es clave.

## *TRADING* FRECUENTE Y SALUD MENTAL

Mi socio *de trading* una vez describió el *trading* frecuente como «ser absorbido por el vórtice del mercado». Como te dirá cualquier *trader* experimentado, ese vórtice puede ser muy estresante, sobre todo cuando se opera en períodos de tiempo cortos. Por lo tanto, un nuevo examen de tu marco de tiempo de *trading* puede mejorar tanto los resultados como tu salud mental.

Sin embargo, independientemente del marco de tiempo que utilices para operar, los movimientos del mercado te desafiarán, a veces hasta lo que puede parecer, o de hecho puede ser, un punto de ruptura.

Parece que cualquier estrategia o marco de tiempo que utilice un *trader* tiene sus desafíos. El obstáculo que es la causa raíz del bajo rendimiento en el *trading* es la incapacidad del *trader* para desapegarse. Intentar controlar el mercado mediante sistemas complicados o a corto plazo no es una solución a largo plazo. La solución es aprender la habilidad Zen del desapego, una técnica que se analizará con detalle en los siguientes capítulos. Para satisfacer al lector con un especial apetito de riesgo o de mayor frecuencia de operaciones, veremos algunos métodos de *trading* a corto plazo más adelante. Sin embargo, mientras tanto, considera los resultados obtenidos con el sistema de *trading* de tendencia semanal: un sistema que promedia sólo una operación por semana. Un resultado como éste únicamente puede lograrse utilizando un método con probabilidad ganadora, pudiendo luego despegarse de los inevitables movimientos adversos que produce cualquier sistema.

## Historia personal del *trading* de Pete

He aquí un ejemplo de cómo desvincularse de los movimientos diarios del mercado puede ser muy rentable. En 2005, un amigo comerciante me mostró un sistema de *trading* de tendencia semanal. Sólo tenía tres reglas: comprar una acción en el máximo de cierre de 52 semanas; dar preferencia a las acciones de menor precio; luego utilizar un parada dinámica como salida (rango verdadero promedio de tres calculado durante cuatro semanas). La figura 3.1 es un gráfico de simulación del resultado en el Asx 300 australiano utilizando datos ajustados precisos. El método propone de media sólo 38 operaciones al año y arriesga sólo el 1,5 % del patrimonio total de la cartera por operación. Esto conduce a un resultado final de 6 millones de dólares australianos a partir de un capital inicial de 100 000 dólares australianos. En ese momento pensé que era interesante, pero estaba convencido de que podía operar mucho mejor en un marco de tiempo diario. Empecé a utilizar el sistema, pero me impacienté y nunca me quedé con él, porque pensaba que los métodos a corto plazo serían más gratificantes. El dicho Zen que sigue resume el valor de una buena idea, combinado con el compromiso y con el tiempo.

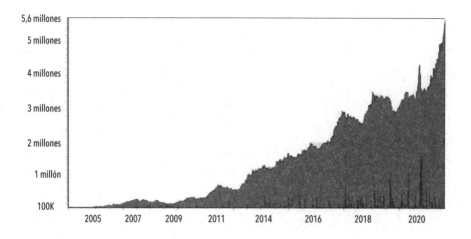

**FIGURA 3.1.** ASX 300 australiano (simulación).
Fuente: wealth-lab.com

## PROVERBIO ZEN

Una idea que se desarrolla y se pone en acción es más importante que una idea que existe sólo como idea.

## RESUMEN DEL CAPÍTULO

- Muchos *traders* son impacientes, piensan que el control es la respuesta y desean una gratificación instantánea.
- Menos (*trading*) puede ser más (dinero).

# 4

# Buda tenía un sistema

Como se mencionó en el capítulo anterior, Buda escribió las Cuatro Nobles Verdades:

1. La vida es sufrimiento.
2. La causa del sufrimiento es el apego.
3. El fin del sufrimiento es posible.
4. Existe un método (sistema) para lograr el fin del sufrimiento.

Para los *traders*, los dos primeros son los más importantes. Aquí están de nuevo con un cambio en su redacción.

1. El *trading* y la vida pueden ser difíciles.
2. Para facilitar el *trading* y la vida, necesitamos aprender a ser desapegados.

He llegado a la misma conclusión sobre el *trading* que Buda sobre la vida. Si el *trading* y la vida son difíciles y la causa es el apego, la respuesta es un método para dominar el desapego.

## EL SISTEMA INICIAL DE BUDA

Después de que Buda enseñara las Cuatro Nobles Verdades, ¿adivinas qué pasó? La gente quería más.[1] Las personas, especialmente los *traders*, siempre quieren más. Sin embargo, sin método y desapego, *más* puede convertirse en locura.

El método inicial de enseñanza de Buda era quizá un poco ingenuo. Parafraseándolo ligeramente, dijo: «Siéntate sobre tu trasero, medita y encuentra por ti mismo quién eres realmente; luego pregúntate si estás de acuerdo con mis ideas». Uno de los grandes atractivos del budismo es el fomento de la duda, el pensamiento libre, hacer preguntas y no depender de un conjunto de reglas dogmáticas o de un superpoder externo para las respuestas. Se te anima a encontrar las respuestas y la fuerza dentro, no fuera de ti; muy diferente a mi educación religiosa dogmática y a muchos otros sistemas de creencias. El Zen a menudo se llama la fe de la no fe: perfecto para *traders* agnósticos o ateos o para aquellos que están contentos con su religión o sistema de creencias existente.

Sin embargo, como muchos *traders* que quieren profundizar en los detalles técnicos extremos, los seguidores de Buda eran iguales. Preguntaban: «¿Debemos comer carne? ¿Qué podemos beber? ¿Qué pasa con el sexo? ¿Cuánto meditamos? ¿Cómo vivimos y trabajamos? ¿Cómo debemos pensar y comportarnos?». Y así sucesivamente.

Los *traders* preguntan: «¿Subirán o bajarán los mercados? ¿Es un buen momento para comprar? ¿Qué debo hacer? ¿Qué harías tú? ¿Cuál es el mejor indicador técnico?». Y así sucesivamente.

## EL SISTEMA DESARROLLADO POR BUDA Y EL ZEN

Entonces, para satisfacer esa necesidad de la gente de querer saber qué hacer, Buda y sus seguidores más cercanos se convirtieron en desarrolladores de sistemas. Desarrollaron reglas y normas, qué hacer y qué no hacer. ¿El resultado? El budismo siguió el camino que suelen seguir las

---

1. Thich Nhat Hanh, *Old Path White Clouds*, Penguin Books, 2016.

buenas ideas, y se quedó atrapado en los detalles mientras intentaba dar a las personas todas las respuestas. El consejo inicial: «Siéntate sobre tu trasero y medita», para explorar tus dudas y conocerte realmente a ti mismo, en su mayoría fue ignorado.

Hasta que apareció el Zen.

El budismo se originó en la India y se extendió al sur de Sri Lanka y al este de China (donde se mezcló con el taoísmo y se convirtió en el Chan). Luego se trasladó a países del sudeste asiático como Vietnam y Tailandia, y luego al noreste nuevamente, a Japón, donde la palabra «Chan» se convirtió en «Zen».

Un monje japonés llamado Dogen (1200-1253) fue el hombre responsable del cambio y desarrollo del Zen en Japón. Insatisfecho con la manera en que el budismo se había vuelto jerárquico, a veces demasiado religioso y supersticioso, Dogen alentó a los alumnos a seguir el consejo original de Buda, que era, lo has adivinado: «Siéntate sobre tu trasero, medita y descubre por ti mismo quién eres realmente; luego pregúntate si estás de acuerdo con mis ideas». Nadie puede, ni debe, decirte qué hacer o cómo vivir tu vida, porque es tu elección y responsabilidad. Puedes ser guiado, pero en última instancia, es tu decisión.

¿No te suena eso a *trading*?

El budismo adquiere su propio sabor en cualquier país en el que exista, porque recibe la influencia de la cultura predominante. El budismo tibetano es bastante religioso, similar en algunos aspectos al catolicismo y muchos otros sistemas de creencias cristianos. El budismo chino es supersticioso. Algunas de las tradiciones del sudeste asiático son muy austeras. El Zen de Japón es estricto y pragmático. En los países occidentales, particularmente en Estados Unidos, Australia, el Reino Unido y Canadá, la atención plena (*mindfulness*) ha sido la principal exportación del budismo. En mi opinión, el *mindfulness* es más una palabra publicitaria de moda que la clave para la tranquilidad y el dominio del *trading*. Si quiero atraer a una multitud de personas para enseñar meditación, uso la palabra *mindfulness*. Si utilizo las palabras «enfoque», «disciplina», «meditación regular», «consistencia conductual», «valores morales» (no muy populares en Occidente), sé que no tendré una multitud en absoluto; por lo tanto, es mejor utilizar la palabra *«mindfulness»* para atraer el interés. La estrategia de publicidad del *mindfulness* es utilizada por centros budistas, corporaciones, tiendas naturistas y maestros de meditación hippy en toda la cultura occidental.

## EL *MINDFULNESS* POR SÍ SOLO NO ES EL SISTEMA

Vale la pena mencionar al principio de este libro que el *mindfulness* por sí sólo no es desapego.

El *mindfulness*, la atención plena, fue sólo uno de los requisitos del entrenamiento que fomentó Buda. Por sí solo, aunque importante, no te convertirá en un *trader* experto. El Zen es perfecto para el *trading* porque enseña disciplina, enfoque, aceptación y (quizá no te guste escuchar esto) valores morales. ¿Es la enseñanza de los valores morales en el Zen un complejo religioso? Absolutamente no. Su propósito es proteger tu mente y tu tranquilidad. Pregúntale a cualquier *trader* que haya tratado de tener éxito mientras tenía una aventura o se entregaba a las drogas, el sexo, el juego, la comida, el alcohol o incluso a una adicción al ejercicio: verificarás que esos pasatiempos son estrategias de afrontamiento poco saludables, a menudo como resultado de una vida estresada y estado mental turbulento.

Las adicciones y las estrategias de afrontamiento poco saludables intentan aliviar el estrés, pero también son estrategias de evitación que ofrecen escapar de los desafíos emocionales del cambio, en particular, cambiar la forma en que respondes a tus pensamientos.

Para ser un *trader* de éxito, no puedes seguir evitando quién eres realmente y preguntándote por qué tomas las decisiones que tomas. Por eso Buda dijo: «Siéntate sobre tu trasero, medita y descubre por ti mismo quién eres realmente; luego pregúntate si estás de acuerdo con mis ideas».

El buen *trading* suele ser aburrido. Evitar tus problemas personales mediante el *trading* (en especial si sólo estás operando por emoción o por evasión) acabará con tus ganancias. Incluso podría matarte. Para ser un *trader* de éxito constante a largo plazo, deberás enfrentarte a tus demonios, no huir de ellos. Enfrentarte a tus demonios es como ser asertivo con un acosador en la escuela o en el trabajo. Si lo haces, a menudo retroceden. Ser agresivo es la estrategia de afrontamiento del acosador; cuando te des cuenta de eso, también te darás cuenta de que, en última instancia, son más débiles que tú. El Zen te dará la perspicacia y la fuerza para hacer frente al matón del mercado; a lo que te asusta, a lo que te expone a todo tipo de intensas emociones negativas. Desarrollarás perspicacia y fuerza siguiendo el sistema de Buda.

## Historia personal del *trading* de Pete

Comencé a operar en 1995, mientras trabajaba duramente en mi negocio de reparación de automóviles. El negocio era exitoso, pero yo era infeliz, me sentía inquieto y tenía ganas de marcharme. También mantenía una relación romántica hacía tiempo en la que era infeliz, en la que me sentía inquieto y de la que quería salir. Vi el *trading* como mi ruta de escape de ambas situaciones. Me volví adicto al *trading* por aversión a lo que realmente necesitaba: enfrentarme a mis problemas laborales y personales. Mi *trading* era emocional, irracional, del todo desestructurado y extremadamente estresante. Gracias a la buena suerte, tal vez a algo de habilidad y al furioso mercado tecnológico de finales de la década de 1990, logré ganar un poco de dinero. Operé así durante tres años, hasta que decidí que necesitaba dejar de operar o dedicarme más a la profesión. A principios de 2000 me lancé, vendí mi negocio y me convertí en *trader* a tiempo completo. Sin embargo, seguía teniendo problemas personales. De hecho, aún más a causa del estrés causado por la falta de ingresos regulares, la caída de las *puntocom* en 2000 y luego el ataque a las Torres Gemelas de Nueva York en 2001. Como dije antes, fue un bautismo de fuego: mi vida personal, mi salud física y mi bienestar mental sufrieron mucho, ¡sin mencionar mi cuenta de *trading*! La raíz de mi infelicidad y falta de éxito era la evasión. Evitar el trabajo duro de hacer las llamadas difíciles y de empezar a comportarme mejor.

Me tomé un descanso del *trading* para ayudar a un compañero a renovar una casa que poseía en un pequeño pueblo en el sur de Nueva Gales del Sur. También compré una casa en el mismo pueblo por 80 000 dólares y la vendí un año después por 150 000. Con la mente más clara y recuperada mi confianza, reanudé el *trading*, pero como dijo Buda, la vida es sufrimiento, y para mí había más sufrimiento al que enfrentarme, porque aún no dominaba la manera correcta de pensar.

## PROVERBIO ZEN

La mente lo es todo: en lo que piensas, te conviertes.

## RESUMEN DEL CAPÍTULO

- Debes dudar de todo, incluidos los sistemas comerciales y el Zen.
- Necesitas saber quién eres.
- El *mindfulness* por sí solo, aunque es importante, no te convertirá en un *trader* experto.
- La conciencia y no caer en la evasión son los comienzos del camino para convertirte en un *trader* experto.
- Existe un sistema de pensamiento que te convertirá en un *trader* maestro.

# 5

# La comprensión correcta del apego produce claridad de pensamiento

Si dejar ir el apego es la solución a los obstáculos, déjame explicarte lo que eso significa realmente.

La filosofía del desapego en el budismo Zen no se comprende bien. Si el apego es la causa de todos nuestros problemas en el *trading* y en la vida, ¿de qué estaba hablando exactamente Buda? Algunos psicólogos tienen la opinión de que la filosofía del apego Zen es una estrategia de evitación complicada para ayudar a uno a afrontar la vida. Mi opinión es que, como la mayoría de los *traders*, muchos profesionales de la salud mental están mal informados o no entienden el significado Zen del apego. En algunos casos, quizá estos psicólogos que dudan tienen razón: hay algunos practicantes budistas que no entienden el apego y utilizan el desapego para evitar la responsabilidad, confundiéndose a sí mismos y a los demás, en particular a sus seres queridos.

Para muchos, el término «apego» evoca un sentimiento de naturaleza personal: amor por un cónyuge, un hijo, un pariente, una mascota, un amigo, etc. Más exactamente, el Zen te pide que te desapegues de las emociones. Esta solicitud puede ser un escollo para quienes la ven erróneamente como un enfoque robótico o incluso frío de la vida.

La exigencia del Zen de desapegarse de alguien no es una petición de dejar de amar. Es una petición para dejar de obsesionarte, preocuparte, controlar o participar en cualquier otra emoción negativa sobre tu relación con una persona o cosa. La filosofía es similar a una que tal vez hayas escuchado antes: «Déjalo libre, y si es realmente tuyo, volverá». Similar, excepto que nunca fue tuyo para poseerlo y controlarlo.

Un ejemplo de apego no saludable sería un cónyuge o pareja que sienta celos: alguien que constantemente controla, cuestiona o acusa al otro de un comportamiento inapropiado. Como ejemplo, supongamos que la parte acusada es inocente, por lo tanto, el comportamiento del acusador es de obsesión, preocupación o control, no de amor. Obsesionarse, preocuparse y querer controlar son emociones y acciones de personas inseguras. A menudo tienen miedo de un resultado que no desean, como ser traicionados o dejados por otro y, por lo tanto, experimentar una pérdida. En este caso, el apego de la persona controladora a una posible pérdida se convierte en el obstáculo para su claridad mental: no puede distinguir entre hechos y emociones.

Otro ejemplo de apego puede ser el de los objetos físicos, como la casa o el coche. Como ya he mencionado antes, tuve un negocio de reparación de automóviles antes de convertirme en *trader* a tiempo completo. No era raro que los clientes estuvieran más preocupados por el daño a su automóvil que por el daño (físico o psicológico) a un compañero de viaje. El apego mental de los clientes al objeto, en este caso el automóvil, prevalecía sobre su pensamiento sobre el bienestar de otro ser humano. A menudo, estaban tan angustiados por la pérdida o el daño de su objeto físico que eran incapaces de conversar con claridad o de completar un papeleo simple. No era hasta que les recordaba que ellos y los demás estaban sanos e ilesos que podían volver a priorizar su manera de pensar y se tranquilizaban y volvían más racionales y funcionales.

Un ejemplo extremo de apego no saludable es el dolor debilitante: la emoción intensa que se puede experimentar después de la muerte de un ser querido. El apego del doliente al amor hacia esa persona lo mantiene en un estado eterno de dolor, convirtiendo su vida en una existencia miserable. En este caso, el Zen no le está pidiendo a la persona que sufre que suelte el amor por el difunto, sino que suelte su apego al amor por el que ha perdido. Aferrarse a una pérdida, en este caso la pérdida extrema de un ser querido, perpetúa el sufrimiento y bloquea la posibilidad de vivir una situación ganadora, como, quizá, un nuevo amor. El nuevo amor puede no ser otra persona sino otras experiencias o situaciones que la vida puede ofrecer. Permanecer apegado a lo que fue (la persona mientras estaba viva) impide que la mente se abra a nuevas posibilidades. El duelo es una experiencia humana normal. Sin embargo, en esta situación, el apego a la emoción del dolor (no a la experiencia del dolor en sí) es el obstáculo de la mente para nuevos comienzos y para la felicidad.

Las consecuencias del apego descontrolado son de gran alcance y afectan no sólo a las relaciones personales sino también a las sociales y culturales. Podría decirse que el apego más destructivo y sin sentido de todos es una ideología que conduce a la guerra. Se pueden producir conflictos graves debido al apego a una creencia (o conjunto de creencias) de que la forma de vida y las ideas de una cultura son superiores a la forma de vida y las ideas de otra cultura. Estas creencias pueden ser tan fuertes que algunas personas piensan que tienen el derecho a matar a otra, a veces a millones de personas, para imponer las opiniones y la ideología de su grupo. Ésta es una de las razones por las que algunas personas detestan las religiones. La historia ciertamente puede dar mérito a esa opinión. No hay duda de que la historia nos muestra que el apego a creencias dogmáticas e inflexibles se convierte en el obstáculo para la reconciliación, el compromiso y la paz.

## EL APEGO Y LAS EMOCIONES FUERTES EN EL *TRADING*

Para ejemplificar cómo se aplican el apego y las pérdidas al *trading*, considera lo que experimentan los *traders* durante eventos épicos como la Gran Recesión de 2008 o, más recientemente, el colapso de la COVID de 2020. He tenido estudiantes tan apegados a su experiencia negativa de la Gran Recesión que se quedaron fuera del mercado durante los siguientes diez años. Estaban tan apegados a la pérdida que no podían dejar ir esa experiencia, y los bloqueaba ante la posibilidad de experimentar una situación ganadora. En este ejemplo, el apego a las pérdidas del pasado, ya sea una crisis económica u otras experiencias de *trading*, se convierte en el obstáculo en la mente del *trader*. Le impide pensar con calma y racionalidad sobre los mercados tal como son ahora, en lugar de como eran entonces.

Una nota al margen interesante aquí es la experiencia de Edwin Coppock, inventor del indicador Coppock Curve. La Iglesia Episcopal de Estados Unidos le había pedido a Edwin que identificara oportunidades de compra para inversores a largo plazo. Edwin consideraba que las caídas del mercado eran como duelos, que requerían un período de luto por la pérdida. Con esta comparación en mente, preguntó a los obispos de la Iglesia cuánto tiempo tardaba normalmente la gente en recuperarse del dolor. Su respuesta fue de 11 a 14 meses. Luego utilizó esos períodos en sus cálculos. Es interesante fijarse en que, cuando la tendencia bajista del mercado se manifestó al comienzo de la Gran Recesión en 2008, tocó fondo 14 meses después (finales de febrero de 2009), antes de comenzar una tendencia alcista en marzo de 2009. Mi propia experiencia personal como sacerdote Zen, cuando hablo con practicantes que sufren pérdidas traumáticas, es similar a la de los obispos de la Iglesia Episcopal.

El tema de dolor, la emoción y las relaciones es muy importante, ya que algo que los *traders* olvidan o ni siquiera consideran es la relación que establecen cuando operan. Algunos pueden pensar que están formando una relación con el mercado, pero en realidad tienen una relación consigo mismos. El mercado expone tu verdadero yo, el que está lleno de apegos que crean todo tu dolor. El Zen cree que las relaciones pueden ser nuestras mejores maestras. Al final, te das cuenta de que no son las acciones de los demás las que crean la incomodidad que sientes, sino las ideas y percepciones que tienes tú sobre una situación. Ésa es otra razón más para escuchar los sabios consejos de Buda y descubrir por ti mismo quién eres realmente. Los obstáculos de apego cierran tu mente y provocan operaciones perdedoras.

El apego adopta muchas formas y, de hecho, se puede asociar con cosas que no tienen forma.

Un apego sin forma es cuando alguien está apegado a algo que carece de forma física, como una idea o una opinión. Considera el apego sin forma a la inteligencia. Las personas pueden tener una buena educación o mucha experiencia en una carrera o campo de información. Si estas personas son cuestionadas o se demuestra que están equivocadas, pueden ponerse muy a la defensiva o mostrarse evasivas. Carecen de la capacidad de admitir que estaban equivocadas o simplemente de decir «No sé». La filosofía de no saber es fundamental en el Zen y muy importante en el *trading*, algo que trataré en un capítulo posterior.

Algunas personas están apegadas a su inteligencia, a su pensamiento, a su ideología o a sus opiniones. Debido a esos apegos, les resulta difícil considerar otras ideas o posibilidades. Albert Einstein, uno de los más grandes pensadores de todos los tiempos, lo sabía y afirmó: «Ningún problema puede resolverse desde el mismo nivel de conciencia que lo creó». También está esta hermosa cita del famoso maestro Zen Shunryu Suzuki: «En la mente del principiante hay muchas posibilidades. En la mente del experto hay pocas».

Con respecto a tus perspectivas sobre el *trading*, ¡no puedes ser mentalmente flexible o tener una idea brillante si tu mente está apegada a la que cree que ya tiene!

Un ejemplo de apego sin forma en el *trading* sería una acción con la que consideras operar, una que estabas seguro de que sería ganadora. Después de mucha investigación técnica y fundamental, la consideras segura, pero la operación se vuelve en tu contra y la acción alcanza el precio al que pretendías salir de la operación. No actúas porque estás apegado a tu decisión original, tus opiniones mentales sin forma sobre las acciones. En ese momento experimentas mucho sufrimiento mental. La conclusión es que no aceptas la realidad del momento presente: el precio de las acciones se encuentra ahora en su punto de salida previamente predeterminado. Estás apegado a cómo querías que fueran las cosas, en lugar de reconocer cómo son. Tus acciones se rigen por lo que crees y quieres: tener razón y ganar dinero. No puedes considerar la realidad de que te has equivocado y que estás sufriendo una pérdida.

## EL DESAPEGO ZEN ABRE TU MENTE
## A LAS OPERACIONES GANADORAS

El budismo tiene una larga historia de fomentar el debate y el pensamiento abierto entre académicos e intelectuales. En algunas tradiciones tibetanas, los monjes pueden tardar 20 años en alcanzar el nivel de *Geshe*, que es similar a un doctorado universitario. La humildad de estas personas es profunda. Antes de cualquier discusión o debate, una de las primeras declaraciones que hacen es que saben poco y que cualquier opinión que den debe ser confrontada con rigurosos desafíos. Ojalá nuestros políticos y líderes religiosos estuvieran tan desapegados de sus ideologías.

Después de las consideraciones anteriores, tal vez ahora veas las similitudes entre el *trading* y el Zen. Sabemos que el *trading* es realmente sólo una idea, y las ideas que tenemos sobre el *trading* afectan a nuestro desempeño. Si estamos apegados a nuestras ideas de *trading*, carecemos de la capacidad de desarrollar mentes flexibles.

Si los *traders* tienen mentes inflexibles, les resulta difícil considerar otras ideas, para ver el mérito en un enfoque alternativo. El Zen te pide que vacíes tu mente de los obstáculos del apego, para permitir que nuevas posibilidades e ideas entren en tu conciencia. Una mente preparada para cualquier cosa, una mente flexible y sin expectativas, es el mayor activo del *trader*.

Al ser un sistema de creencias no religioso, el Zen no enseña el concepto del infierno. En cambio, enseña que el sufrimiento es causado por la creación de apegos. Si, debido a tu pensamiento condicionado, esperas que tu vida y la de los demás sea de cierta manera, te auguro que tu vida será bastante infernal. Si estás apegado a tus conceptos de *trading*, pérdidas, ganancias y resultados, entonces tu vida en el *trading* también podría ser un infierno. La correlación entre tus apegos en la vida y tus apegos cuando operas en el *trading* es del 100 %.

Para llevar a cabo un buen *trading*, necesitas tranquilidad. Para tener paz mental, necesitas aprender el desapego. El infierno, para los *traders*, está aquí en la Tierra y está poblado por aquellos que están apegados a la forma en que quieren que sean las cosas, sin abordar cómo son en el momento presente.

## Historia personal del *trading* de Pete

Mi primera experiencia en el *trading* fue cuando era adolescente y aprendiz de comerciante. Compraba coches destartalados, los reparaba y pintaba para ahorrar dinero para comprarme mi primera propiedad. (Mi padre era inversionista inmobiliario y me decía que el mercado de acciones implicaba demasiado riesgo, un temor que tuve que superar). Me gustaba pintar con aerosol y era bueno en eso. Hacía que los coches tuvieran un aspecto genial para la venta, pero tenía un problema para venderlos. Estaba apegado. Recuerdo sentir un gran resentimiento si el comprador ofrecía un precio más bajo. Al final, si llegábamos a un trato, caminaba desde la tienda hasta la carretera y observaba cómo se alejaba el coche hasta que se perdía de vista. Sólo una vez que ya no podía verlo, surgió en mi mente un sentimiento de satisfacción, que generaba la motivación para comprar otro automóvil.

Reviví esos sentimientos mucho más tarde, en mi vida como *trader*. A menudo, cuando necesitaba salir de una operación a un precio no deseado, debía aceptar el precio que había obtenido y dejar ir el precio que quería. Aprendí a adoptar la práctica saludable de eliminar las acciones de la pantalla de mi reloj y de la de mi cartera de valores, lo que permitía que mi mente pasara a otra operación.

La siguiente es una famosa y divertida historia Zen sobre un académico que está apegado a sus ideas, conocimientos y educación (apego sin forma) y, por lo tanto, es incapaz de escuchar y considerar el punto de vista de los demás:

## UNA HISTORIA ZEN

Un profesor universitario fue a visitar a un famoso maestro Zen. Mientras el maestro servía tranquilamente el té, el profesor hablaba del Zen. El maestro llenó la taza del visitante hasta el borde y luego continuó sirviendo.

El profesor observó la taza rebosante hasta que ya no pudo contenerse.

—¡Está llena! ¡No cabe más! –soltó el profesor.

—Éste eres tú –respondió el maestro–. ¿Cómo puedo mostrarte el Zen a menos que primero vacíes tu taza?

## RESUMEN DEL CAPÍTULO

- Desapegarse no significa dejar de sentir.
- El apego malsano crea obsesión y un deseo de control excesivo.
- Puedes estar apegado a una opinión tanto como a un objeto físico.
- Aprender a desapegarte abre tu mente para ver los límites y limitaciones que ella misma crea.

# 6

# El secreto Zen para desarrollar el desapego

Si continuamente quieres que las cosas salgan a tu manera, y eso no sucede, lo más probable es que sufras angustia.

Considera estas preguntas sobre la vida:

- ¿Es probable que lo consigas todo a tu manera?
- ¿Tienes una tasa de éxito del 100 % en todas las decisiones de tu vida, o ha experimentado errores y pérdidas?
- ¿Esperas que tu vida sea a prueba de errores, perfecta y un camino tranquilo?
- ¿Es probable que todo resulte como deseas o prefieres? ¿Qué probabilidades existen de que ocurra así?

Y estas preguntas reformuladas para el *trading*:

- ¿Es probable que en tu *trading* lo consigas todo a tu manera?
- ¿Tienes una tasa de ganancias del 100 % en tus operaciones o has experimentado errores y pérdidas?
- ¿Esperas que tus operaciones sean perfectas, a prueba de errores y que el capital de tu cartera aumente de manera continua y fluida?
- ¿Es probable que todo en tu carrera de *trading* resulte como deseas o prefieres? ¿Qué probabilidades existen de que ocurra así?

## LAS PERCEPCIONES CREAN SUFRIMIENTO

Los practicantes del Zen experimentados dirán que el secreto del Zen es simple. Son nuestras mentes condicionadas e inflexibles las que lo dificultan. Los *traders* experimentados te dirán lo mismo sobre el *trading*.

Las personas infelices tienden a quejarse en lugar de agradecer y ver el lado positivo de una situación. Como sus mentes son inflexibles, tienden a concentrarse en lo que perciben como incorrecto y no en lo que puede ser correcto. La mayoría de los *traders* hacen algo similar: reaccionan en lugar de responder. Los maestros Zen son famosos por sus respuestas no reactivas a la mayoría de las circunstancias de la vida.

Las reacciones (a diferencia de las respuestas) durante el *trading* a menudo provienen de la falta de un plan sólido. Además, como ya se ha comentado con anterioridad, muchos *traders* no pueden apegarse a un plan, aunque tengan uno. El problema consiste en reaccionar de manera inapropiada. Los *traders* no se dan cuenta de que no sólo reaccionan al mercado, sino que en realidad reaccionan a la percepción y desaprobación de su mente de la situación actual. No están desapegados de cualquier evento que suceda en ese momento. En cambio, están más apegados a un resultado posible, aunque la mayoría de los resultados son desconocidos. No han aprendido a desapegar las emociones incómodas de las circunstancias presentes. Para aliviar sus emociones incómodas, reaccionan. Reaccionar casi siempre significa romper sus reglas de *trading* en un intento de aliviar su sufrimiento mental.

Entonces, ¿por qué es tan difícil desapegarse, mantener una posición de desapego, mantener la calma frente a la adversidad, para no enfadarse, preocuparse, alterarse, decepcionarse, deprimirse o experimentar ansiedad?

Es porque nuestras mentes han sido condicionadas para pensar de cierta manera. Los budistas Zen llaman a esa forma de pensamiento «dualista».

## EL PENSAMIENTO DUALISTA ES LA MAYOR CAUSA DE LAS GANANCIAS Y PÉRDIDAS EN EL *TRADING*

Si puedes dejar de pensar habitualmente en la dualidad, puedes desarrollar la habilidad del desapego.

El pensamiento dualista significa que percibimos los objetos y las ideas como dualidades: de dos en dos (o, a veces, en números mayores que dos). Ejemplos de pensamiento dualista incluyen los conceptos mentales de alto y bajo, gordo y delgado, bueno y malo, estúpido e inteligente, capaz o incapaz, rico o pobre, hombre o mujer, blanco o negro, arriba o abajo, bien o mal. Todos son juicios y etiquetas que les damos a las cosas y luego nos apegamos a ellos debido al condicionamiento de nuestra mente.

Carecemos de la capacidad de observar y simplemente ver sin juzgar. Por lo general damos un nombre a nuestras observaciones, y ese nombre está relacionado con nuestro juicio sobre la situación o el objeto.

## ES ASÍ COMO ES

La filosofía Zen considera todo tal como es. Es nuestro pensamiento el que crea la dualidad y, por lo tanto, la separación de todo. El pensamiento dualista habitual (que es la manera de pensar en la que se educa a la mayoría de las personas) entrena la mente para esperar que las cosas sean de cierta manera. Habitualmente hemos aprendido a juzgarlo y etiquetarlo todo, luego a hacer suposiciones, a menudo sin conocer los hechos completos de una situación.

Si uno mantiene esta visión de separación, de pensamiento dualista, llega a creer que las cosas siempre se oponen entre sí, o siempre son diferentes. Todo se convierte en menos o más, tú contra mí, nosotros y ellos, no puedes o puedes, por qué o por qué no, sí o no, arriba o abajo (por nombrar sólo algunos). El pensamiento dualista es la razón por la cual la gente ve las cosas sólo en blanco y negro. Pierden la capacidad de darse cuenta de la posibilidad de que haya toda una extensa gama de grises. En realidad, el color gris se crea a partir de la combinación de blanco y negro, no de mantener los dos colores separados. Otro resultado es la incapacidad de leer entre líneas, porque en la mente fija las cosas son sólo de una u otra manera: deben ser así, porque han sido juzgadas y nombradas. Los apegos a esos juicios se arraigan en la mente enseguida.

¡Pero, atención, esta filosofía de «es así como es» puede volverse muy complicada!

Puedes pensar que algunas cosas o personas realmente son gordas, delgadas, altas, bajas, buenas o malas. Las carteras suben y bajan, algunas personas tienen una suerte terrible en sus vidas, etc. Sí, estoy de acuerdo en que todo eso es cierto. Sin embargo, todos tenemos opiniones diferentes sobre más o menos todo, y éstas dependen de nuestro condicionamiento mental, desarrollado a partir de una combinación de naturaleza y crianza. Por ejemplo, mi estatura es de 170 cm; en Australia está por debajo del promedio de 179 cm, es decir, en el grupo de las personas de baja estatura. En muchos países asiáticos, se me considera un individuo promedio o incluso alto. Entonces, ¿soy bajo o alto? Diferentes personas tienen diferentes concepciones mentales y, por lo tanto, distintas expectativas, según su propio condicionamiento y a lo que estén acostumbradas.

Soy lo suficientemente mayor para recordar la segregación racial. De niño, viví en Papúa Nueva Guinea. Los sábados por la noche, a los indígenas locales no se les permitía entrar en los recintos cercados de los cines al aire libre. Sólo podían mirar desde la distancia, a través de huecos en la cerca de alambre o subidos a los árboles más cercanos. Esa segregación se consideraba justificada en aquel momento, pero hoy sería completamente reprobable y desmesurada. Esas reglas ya no existen, entonces, ¿qué ha cambiado en esa situación? Sólo los conceptos mentales han cambiado, las personas continúan siendo blancas y negras.

¿Por qué algunos encuentran atractiva a una persona y otros no? ¿La persona es atractiva o no lo es? ¿Qué o quién es el juez de lo atractivo? ¿Por qué las personas corpulentas se consideran atractivas en algunas culturas, mientras que en otras ocurre lo contrario? Estas opiniones son el resultado del condicionamiento mental: nombrar y juzgar y pensar con planteamientos de dualidad.

¿Por qué un *trader* ve una caída del mercado como una oportunidad, mientras que otro lo ve con gran preocupación? Un *trader* reacciona de manera prematura y vende sus participaciones a la primera señal de caída; el otro aguanta hasta que su método le dice que salga, o incluso entra a comprar, si ése es su plan. Otro *trader* realiza una compra en el mercado en puntos de valor, para aprovechar al vendedor prematuro. Algunos *traders* venden en corto (una estrategia para beneficiarse de la caída de los precios), aprovechando el pánico que puede surgir y producir más ventas. Estos pensamientos y acciones son el resultado del condicionamiento mental: nombrar y juzgar (oportunidad, valor, catástrofe) y pensar en dualidad. La realidad es que ninguno de los *traders* anteriores sabe lo que sucederá realmente, pero la mayoría espera tener razón.

Para ser un *trader* competente, debes desvincular la mente de tus conceptos preconcebidos: juzgar y nombrar, o pensamiento dualista. El pensamiento dualista habitual a menudo se debe a un análisis excesivo o a pensar obsesivamente en lo que es correcto, creando un deseo abrumador de obtener el control. El desarrollo de la conciencia del pensamiento dualista crea flexibilidad mental. Comprender a fondo el concepto de dualidad hace que nos demos cuenta de que somos nosotros los que creamos la fricción en nuestras mentes; no hay otras personas, objetos o situaciones. La volatilidad del mercado es una consecuencia de las mentes de los *traders* dando vueltas por todas partes; un día alcista, otro día bajista. Necesitas ser consciente de tu pensamiento dualista y alcanzar la conciencia de que tu mente se mueve tanto como el mercado. ¡De hecho, por lo general mucho más! La dualidad en tu mente crea el mercado que ves.

Tal vez ahora comiences a comprender la filosofía Zen de que todo, absolutamente todo, ya sea un concepto sobre lo físico (como gordo y flaco) o un concepto sobre lo no físico (como bueno o malo), sólo existe debido a nuestra percepción, debido a cómo lo perciben nuestras mentes. La mente a menudo descarta otras posibilidades. Por ejemplo, cuando opero, a menudo me pregunto: «¿Estoy viendo lo que me han condicionado a pensar y creer, o estoy viendo lo que realmente está sucediendo?». Esta pregunta me ayuda a desvincular mis pensamientos de mi pensamiento dualista habitual y considerar otras posibilidades.

Nosotros, o para ser más precisos nuestros pensamientos, junto con el pensamiento dualista habitual, creamos y luego nombramos un objeto o sujeto, produciendo así un nivel personal de significado.

Los eventos son tan significativos para nosotros porque deseamos tener las cosas como pensamos que deberían ser. La mayoría de las veces, si las situaciones no son como pensamos que deberían ser, o como queremos que sean, experimentamos un gran sufrimiento.

## EL PENSAMIENTO ZEN PUEDE CURAR EL DOLOR MENTAL DEL APEGO

He mencionado en un capítulo anterior que uno de los ejemplos más extremos de apego es la guerra. Dos bandos, que a menudo discuten sobre una ideología, están dispuestos a matarse entre sí para demostrar que tienen razón. El punto de vista budista es que las personas se matan entre sí por una idea desprovista de lógica: ¿no es eso algo realmente estúpido? Una idea que está vacía en primer lugar, pero se le da significado debido a nuestro apego a ciertas creencias.

Algunos practicantes budistas se angustian cuando son testigos de la cantidad de sufrimiento en el mundo causado por el apego a conceptos e ideas. A menudo es la aceptación y el abandono de este testimonio del sufrimiento (tanto el propio como el de los demás) lo que lanza al practicante hacia el nirvana (o iluminación), o simplemente hacia la sabiduría.

Los *traders* sufren una frustración similar, frecuentemente porque son testigos de lo que parecen situaciones irracionales e impredecibles en los mercados. Sienten la necesidad de tener la razón, de encontrar las causas, de predecir y juzgar los resultados. Sin embargo, es la aceptación y el abandono de esas necesidades lo que lanza al *trader* al siguiente nivel de dominio.

El dominio del *trading*, como el nirvana, no es un lugar o una cosa, sino un estado mental. Un estado mental desarrollado a partir de la comprensión de la facilidad con la que la mente se apega a tantas cosas, todo porque la mente tiene la costumbre de caer en el pensamiento dualista, de necesitar dar a todas las cosas un nombre y luego emitir un juicio sobre ellas.

Si reflexionamos de nuevo sobre esta enseñanza central del budismo, que el sufrimiento es causado por el apego a todas las cosas físicas y no físicas, debemos ser conscientes de nuestra mente condicionada y la manera en que piensa en la dualidad. Ésta es la clave para una mente en paz. En última instancia, ¿de qué sirve aprender Zen, si no es para liberarse del sufrimiento y ser feliz? ¿O, desde la perspectiva de un *trader*, para estar más tranquilos y ser más efectivos, y finalmente evitar que la mente se autosabotee por falta de conciencia, lo que nos hace perder en los mercados continuamente?

## Historia personal del *trading* de Pete

Considero la siguiente como la mejor operación de *trading* de mi vida, una de desapego extremo: tuve una gran pérdida. En los primeros días en que empecé a operar, me suscribí a muchos boletines informativos, uno de los cuales escrito por un infame corredor de bolsa de Sídney. El «señor R» era principalmente un *trader* fundamental y asesoraba a los clientes para comprar una acción llamada Pasminco: minería y producción de zinc, plata y plomo. Seguí su consejo y compré un paquete grande: el 20% de mi cartera. De hecho, demasiado grande para el tamaño de mi cartera. Las acciones cayeron y el señor R me aconsejó comprar más, así que compré otro 20%, ahora con el 40% de mi cartera en una sola acción. La bolsa siguió cayendo. El señor R continuó recomendando comprar esa acción.

Mi cuenta disminuía a toda velocidad. Aunque era un *trader* novato, sabía que algo no funcionaba bien. Las acciones estaban en una clara tendencia a la baja y yo tenía suficiente formación en *trading* como para saber qué hacer. Tenía que dejarlo ir, desapegarme, aceptar lo que era y vender. Presioné el botón de venta, sufriendo una gran pérdida en mi capital de *trading*.

Las acciones continuaron cayendo hasta cero y finalmente se retiraron de la lista, sin valor. Aunque tuve una gran pérdida, una de las más grandes que he tenido en el *trading*, aprendí una de las lecciones más importantes, y me quedó suficiente capital como para seguir operando. Si hubiera aguantado, sin aceptar lo que era, pero queriendo un resultado diferente, casi habría liquidado mi cuenta de *trading* y probablemente no estaría escribiendo este libro.

La siguiente historia es un ejemplo del desapego de un maestro Zen a nombrar y juzgar a los demás:

## UNA HISTORIA ZEN

El maestro Zen Hakuin era elogiado por sus vecinos por vivir una vida pura. Cerca de él vivía una hermosa joven japonesa cuyos padres eran dueños de una tienda de alimentos.

De repente, sin previo aviso, sus padres descubrieron que estaba embarazada. Esto los hizo enojar mucho. La chica no quería confesar quién era el padre, pero después de mucho hostigamiento por fin nombró a Hakuin.

Presas de una gran ira, los padres fueron a ver al maestro. La respuesta de Hakuin fue simplemente, «¿Eso es así?». Cuando nació el niño, los padres se lo llevaron a Hakuin, quien ahora era visto como un paria por todo el pueblo. Le exigieron que cuidara del niño, ya que era su responsabilidad.

—¿Eso es así? –dijo Hakuin con calma, mientras aceptaba al niño.

Un año después, la madre del niño no pudo soportarlo más. Les dijo la verdad a sus padres: que el verdadero padre del niño era un joven que trabajaba en la pescadería. La madre y el padre del niño acudieron de inmediato a Hakuin para pedirle perdón, disculparse largamente y recuperar al bebé.

Hakuin estaba dispuesto a entregar al niño, todo lo que dijo fue: «¿Eso es así?».

## RESUMEN DEL CAPÍTULO

- El pensamiento dualista es la mayor causa de apego.
- No ser consciente de tu pensamiento dualista hace que el apego se arraigue.
- Querer que las cosas sean como a uno le gustaría que fueran es una señal de apego.
- Para evitar apegarte a objetos e ideas, recuerda que todo es sólo tu percepción, a menudo causada por el pensamiento habitual.

# 7

# El objetivo del Zen

Si hay un objetivo de la práctica Zen, ése es crear felicidad, o al menos eliminar el sufrimiento y producir un nivel de satisfacción.

Recordemos de nuevo las dos primeras declaraciones de Buda:

1. La vida es sufrimiento.
2. La causa del sufrimiento es el apego.

Si la causa de nuestro sufrimiento es el apego, ¿cuál es el antídoto? Parecería ser el desapego. Entonces, ¿cómo se desapega uno?

¿De qué nos estamos desapegando exactamente?

Repasando de nuevo la teoría del pensamiento dualista, cuando tenemos un pensamiento inicial, añadimos un segundo pensamiento (o más) al primero. En primer lugar, pensamos en algo y, en segundo lugar, pensamos que es bueno, malo, incorrecto, correcto, etc. Podemos ver a una persona que encontramos atractiva, y luego siguen pensamientos y juicios, tales como: es afortunada, vanidosa, rica o inaccesible. Podemos estar celosos, deprimidos, arrepentidos, ansiosos, pensando en la pérdida, etc. Estos pensamientos también podrían tener otro componente emocional, tal vez provocar una respuesta física. Los pensamientos dualistas se vuelven placenteros y deseables, o desagradables y preferiblemente evitables. En este último caso, sufrimos.

El sufrimiento a menudo crea un deseo de actuar; implementar una acción que reduzca o elimine el dolor mental. La acción puede venir en diferentes formas, pero por lo general actuamos mental o físicamente. Podríamos actuar de manera mental al tomar partido o al emitir una opinión, como juzgar la situación como correcta o incorrecta. Podemos actuar físicamente, al implementar el control al decidir evitar a esa persona atractiva o alejarnos de la situación. Sin embargo, en lugar de recurrir a una táctica de control para aliviar el sufrimiento, ¿qué pasaría si implementáramos la estrategia del desapego de Buda y simplemente observáramos?

Si tenemos pensamientos de sólo observación, como «Es una persona que muchos considerarían atractiva», y no adjuntamos nuestro pensamiento dualista al pensamiento inicial, evitamos el sufrimiento. Ya no existen las reacciones emocionales desafiantes, ni la necesidad de controlar o evitar. Si examinas todos los pensamientos que tienes, te fijarás en que habitualmente agregas más pensamientos de juicio, de gusto o disgusto, a tus primeros pensamientos. Si este patrón de pensamiento persiste, no es demasiado difícil ver que razonablemente pronto estarás sufriendo, o al menos confundido, angustiado o con mucha probabilidad abrumado.

¿Es posible trasladar esas ideas de pensamiento desprendido, desestimar supuestos infundados y dejar de aplicar juicios y etiquetas negativos en nuestro *trading*?

## EL OBJETIVO DEL ZEN EN EL *TRADING*

Establecer objetivos y metas es un componente muy importante para tener éxito en el *trading*. Un objetivo fundamental que debe alcanzarse es la capacidad de operar en el mercado de valores con un estrés mínimo. El estrés y el sufrimiento mental que experimentan muchos *traders* son los mayores obstáculos para dominar el *trading*.

Si hay algo que lograr al implementar el Zen en el *trading*, se aplica a la segunda oración del párrafo anterior. Más que cualquier otra cosa, es definitivamente el sufrimiento mental de los *traders* lo que dificulta la fluidez de pensamiento. El sufrimiento mental experimentado por la mayoría de los *traders* a menudo se atribuye a pensar demasiado, reaccionar en lugar de responder y, en ocasiones, incluso entrar en pánico, lo que a menudo resulta en un exceso de operaciones. El exceso de operaciones es una de las razones más comunes del bajo rendimiento: un error que debe evitarse a toda costa.

Lo que realmente se requiere es menos pensamiento y más conciencia. Los maestros Zen y los practicantes Zen experimentados afirman que el conocimiento y la pericia últimos no se pueden obtener sólo pensando. De hecho, el Zen desaconseja el uso excesivo del pensamiento.

Se fomenta el desapego al pensamiento para desarrollar la habilidad de observación.

A menudo (o quizás ocasionalmente) debes haber sentido que una situación no estaba bien; simplemente no parecía funcionar como debería. Tuviste un presentimiento o una intuición, a pesar de lo cual procediste con la acción que gobernaba tu pensamiento. Más tarde, se demostró que tus dudas eran correctas. De alguna manera sabías que algo andaba mal. Estamos tan acostumbrados a aplicar la lógica aprendida, el análisis y el pensamiento crítico que nos resulta difícil desligarnos de esos procesos de pensamiento y permitir la posibilidad de un conocimiento inexplicable.

Esto puede sonarte poco científico y especulativo, pero considera una pregunta que me hago con frecuencia cuando hago *trading*: «¿Estoy viendo lo que está sucediendo o estoy viendo lo que mis pensamientos me hacen pensar y sentir?».

El concepto de un saber inefable no es exclusivo del Zen. Ese conocimiento puede mejorarse con la práctica Zen de separarse del pensamiento crítico para permitir otra visión. Y ésa es la visión de la observación sin juicio.

## PENSAMIENTOS ZEN SOBRE EL PENSAMIENTO OCCIDENTAL

De manera muy especial, en Occidente a todos se nos enseña a pensar de manera crítica. La declaración de Descartes, «Pienso, luego existo», bien podría ser el perjuicio más grave para el pensamiento expandido de la humanidad. Descarta por completo la posibilidad de la inteligencia más allá del pensamiento crítico y cognitivo.

El examen del pensamiento es la premisa de muchas modalidades en la psicología occidental. Aquellos con experiencia en el campo de la psicología sabrán que la terapia cognitivo conductual (TCC), si no es reemplazada, al menos va acompañada por muchas otras modalidades alineadas con las enseñanzas budistas y Zen. Por ejemplo, la terapia de aceptación y compromiso (TAC) es un modelo basado en la filosofía budista de aceptar el presente y luego comprometerse con un nuevo camino: un camino con un objetivo final guiado por un plan preestablecido.

Un ejemplo de TAC en la práctica sería un *trader* perspicaz que acepta que su método actual no está funcionando y luego se compromete con un nuevo método. Quizá lo más importante es que el *trader* ha logrado una mayor realización y aceptación; también, el reconocimiento de que no es el mercado ni el método el obstáculo, sino su pensamiento acompañado de apegos de cómo quiere que sean las cosas.

La terapia dialéctica conductual (TDC) es otra modalidad utilizada en psicología, que se enfoca en habilidades como aceptar, encontrar significado y tolerar la angustia, con énfasis en soportar el dolor con habilidad. Esta habilidad no se puede alcanzar si la persona se juzga a sí misma o la situación. La capacidad de desprenderse de los pensamientos de miedo, miedo a la pérdida y miedo a perderse, es la mayor habilidad que puede desarrollar un *trader*. Es casi comparable a la eliminación del miedo a la muerte, exhibida de manera extraordinaria por la cultura militar japonesa del Bushido.

Pensar en cómo salir de una situación a menudo no funciona, aceptarla tal como es sí.

La aceptación no significa aprobación de la situación, pero disuelve el obstáculo de la desaprobación, permitiendo que la mente vea una respuesta alternativa. Desarrollar medios hábiles es una antigua filosofía budista. Al operar, debes ser muy consciente de cómo piensa tu mente y qué pensamientos habituales genera continuamente.

Por ejemplo, las Figuras 7.1 y 7.2 ilustran dos maneras diferentes de pensar en una operación: una con apego extremo al precio de la acción, la otra sólo con observación, sin juicio.

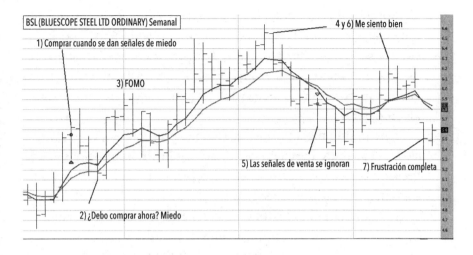

**FIGURA 7.1.** Apego al precio de la acción.
Fuente: wealth-lab.com

Lo anterior muestra un *trading* de acciones de un sistema de *trading* de tendencia semanal simple. La señal de compra es cuando el precio alcanza un máximo de cierre a 52 semanas, y la venta es cuando la media móvil exponencial (EMA, en su sigla en inglés) semanal de 7 cruza por debajo de la EMA semanal de 12.

El pensamiento contradictorio (y por lo tanto la reacción) de muchos financieros es así:

1. Dudan ante la señal de compra y esperan debido a la barra fuerte al alza, lo que genera pensamientos temerosos porque juzgan y etiquetan el precio como demasiado alto: se prometen a sí mismos que comprarán si retrocede.

2. Dudan en la segunda oportunidad de comprar porque el precio está bajando: juzgan y etiquetan la situación como peligrosa, produciendo temores porque piensan que la acción caerá más, a pesar de que se prometieron a sí mismos que comprarían si eso ocurría.

3. Compran al final de la tendencia, lo que reduce el beneficio potencial de la operación. Después de no comprar la primera o la segunda vez, su acción ahora es temerosa, pensando que se están perdiendo una buena operación (FOMO). Se regañan a sí mismos por no comprar antes: se juzgan y se autoetiquetan como *traders* incompetentes.

4. Se sienten muy bien porque las acciones están subiendo y el negocio está ganando. Posiblemente se sientan justificados para tomar la decisión correcta: pueden felicitarse a sí mismos con pensamientos de ser valientes y resistentes.

5. Se sienten mal porque el *trading* muestra una venta; sólo están en el punto de equilibrio porque compraron tarde.

3. No venden, con la esperanza de que vuelva a estar donde estaba en los máximos anteriores. Se juzgan a sí mismos por estar equivocados, o al mercado por ser malo, o al sistema por no funcionar, y hacen muchas otras suposiciones negativas.

6. Se sienten bien aquí, porque la bolsa está subiendo de nuevo: están complacidos de no haber tomado la señal de venta en el pensamiento 5, aunque saben que no están siguiendo el sistema que se prometieron seguir. De alguna manera, existe un mal sentimiento inexplicable.

7. Las brechas de las acciones bajan muy por debajo de la señal de venta. La operación resulta en una pérdida porque compraron tarde y vendieron tarde. Se sienten increíblemente estresados y frustrados. Se dan cuenta de que si se hubieran apegado al sistema, y hubieran actuado con rapidez tanto en las señales de compra como de venta, la operación habría dado una pequeña ganancia, no la gran pérdida que ha resultado ser.

Ahora se enfrentan a la decisión de qué hacer. Algunos venden; muchos no lo hacen y mantienen la operación, posiblemente durante años, a medida que continúa cayendo, recordándoles para siempre lo malos *traders* que son.

En lugar de que la operación genere una pequeña ganancia, pierden dinero, pierden confianza, se sienten frustrados y confundidos, y buscan algo o alguien a quien culpar, a menudo a ellos mismos. Pueden buscar otro método, uno que «funcione». Sus problemas psicológicos en torno al *trading* se agravan. Es una lección dolorosa y costosa.

¿Puedes ver cómo todos los problemas de estos *traders* no tienen nada que ver con el mercado, el sistema, las acciones, otros *traders*, los comentaristas del mercado, los indicadores, el volumen, la utilización de información privilegiada, los robots de las operaciones automáticas o cualquier otra cosa?

Ahora observa la siguiente operación con una mentalidad Zen.

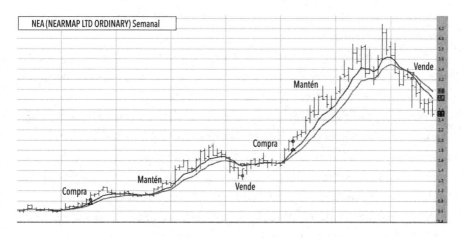

**FIGURA 7.2.** Mentalidad Zen.
Fuente: wealth-lab.com

El *trading* de tendencias es simple: requiere que compres una acción que está subiendo y mantengas la operación hasta que se dé la señal de venta. Cualquier pensamiento sobre posibilidades alternativas es generado por ti, no por el *trading*. En el ejemplo anterior, utilizando el mismo sistema, el *trader* Zen toma la señal de compra, retiene la operación hasta que se produce la señal de venta y entonces vende.

El proceso se puede repetir si es necesario. Este ejemplo particular es de un sistema semanal, pero el marco de tiempo es irrelevante para el dominio de los procesos mentales requeridos. Cualquiera que sea el marco de tiempo elegido, la habilidad que debe lograrse es la de la observación pura, acompañada del desapego. Eso te ayudará a apegarte a cualquier método.

Los pensamientos temerosos y de juicio mental definitivamente te vendrán a la mente, pero no necesariamente actuarás en consecuencia. Son reconocidos por lo que son: una colección de reacciones a muchos nombres y etiquetas.

Los pensamientos temerosos no son controlados, aplastados, llamados malos, buenos, útiles, no útiles, ni reciben ningún otro juicio o etiqueta. Son sólo pensamientos para observar, pensamientos que son normales en cualquier persona que opere en un entorno con un resultado desconocido, como el *trading*.

Los maestros Zen también tienen pensamientos temerosos. La diferencia es que reconocen los pensamientos por lo que son, permitiéndolos pasar sin juicios negativos o acciones innecesarias.

Ningún grado de *mindfulness*, como se analiza en el próximo capítulo, ayudará al *trader* reactivo y que piensa demasiado. Es posible que seamos conscientes de la fluctuación de los precios y, a veces, demasiada atención a eso puede ser perjudicial, pero lo que es más efectivo es el desapego (no juzgar, no etiquetar) y el reconocimiento de tu pensamiento dualista habitual y dañino. Esas habilidades te ayudarán a seguir procesos simples diseñados para generar ganancias.

## Historia personal del *trading* de Pete

En 2004, me pidieron que hiciera una presentación sobre *trading* en un club de *traders* cerca de donde vivía en la costa central de Nueva Gales del Sur, Australia. Al final de la noche, se me acercaron tres hombres que habían formado un grupo de investigación y desarrollo utilizando *software* de pruebas retroactivas. Dos eran *traders* a tiempo completo, el tercero era codificador de *software*. Todos tenían excelentes habilidades informáticas y de codificación, mucho mejores que las mías. Sin embargo, yo tenía una mayor experiencia en el *trading*. Trabajamos juntos durante varios años, desarrollando excelentes sistemas y logrando ganar algo de dinero también. El período previo a la Gran Recesión estaba en racha y los mercados eran fuertes, por lo que la tendencia definitivamente era al alza. Sin embargo, teníamos un serio problema: no podíamos ceñirnos a un método. Fue entonces cuando identifiqué por primera vez el segundo gran problema que tienen los *traders*: la falta de compromiso con un método. Los cuatro, a pesar de nuestra inteligencia y experiencia combinadas, todavía no ganábamos el dinero que podíamos obtener. Había algo que faltaba de manera patente en nuestro enfoque mental para operar. No nos habíamos apegado (o no podíamos) a nuestros métodos diseñados porque no habíamos aprendido las habilidades del desapego y la observación sin juzgar.

## PROVERBIO ZEN

Si no es necesario hacer nada, es necesario no hacer nada.

## RESUMEN DEL CAPÍTULO

- En el *trading*, no es lo que piensas, es cómo juzgas y etiquetas tu pensamiento.
- El método o el mercado no es el obstáculo. El pensar, acompañado del apego, sí lo es.
- La aceptación no significa aprobación de la situación, pero disuelve el obstáculo de la desaprobación, permite que la mente vea una respuesta alternativa.
- Los pensamientos temerosos no deben ser controlados, aplastados, llamados malos, buenos, útiles, no útiles, ni recibir ningún otro juicio o etiqueta.

- Los maestros Zen también tienen pensamientos temerosos. La diferencia es que no juzgan ni etiquetan esos pensamientos. Esto evita que la mente se vuelva reaccionaria, lo que permite una respuesta más mesurada.
- La respuesta medida suele ser no hacer nada, por ejemplo, mantener la operación porque no da una señal de venta.

# 8

# El *mindfulness* por sí solo no es Zen

## ¿QUÉ ES EL *MINDFULNESS*?

El *mindfulness* es estar alerta a lo que estás pensando, y ése es el primer requisito para desarrollar el dominio de la mente. Si sales por la puerta de camino al trabajo y te olvidas de llevar algo (llaves, maletín, billetera, gafas de sol, teléfono, etc.), no estás siendo consciente. La razón es simple: tu mente estaba distraída pensando en otra cosa. Ante esto podrías defenderte aquí y exclamar: «Pero tenía muchas cosas que hacer esa mañana. ¡Los niños gritaban, mi pareja estaba estresada, yo llegaba tarde, mi teléfono sonaba y el perro ladraba!». Sin embargo, el *mindfulness* es la capacidad de concentrarte en la tarea en cuestión y no permitir que tu mente se distraiga. Ésta es una habilidad que muchos de nosotros necesitamos aprender, ya que a menudo no la poseemos de manera natural.

Muchas personas viven sus existencias en un estado mental inconsciente. Permiten que las distracciones dominen su pensamiento, son incapaces de concentrarse en una o dos tareas a la vez y mantenerse enfocadas. Sus mentes pasan de un pensamiento a otro. Permiten que su entorno los distraiga y los estrese, lo que resulta en olvidos y falta de concentración. Este estado mental es lo que muchos maestros de meditación asiáticos llaman la «mente del mono». Quizá una comparación más familiar para aquellos de nosotros que vivimos en Occidente sería «mente de un cachorro». Los cachorros, como los monos, tienen un lapso de atención corto.

Siguen a sus hocicos (un nuevo olor aquí o nuevos olores allá) y su dirección y enfoque cambian continuamente, a menos que estén entrenados.

Ser consciente es, primero, desarrollar la conciencia de que tienes un patrón de pensamiento distraído y, segundo, aprender a cambiarlo.

## UN ESTADO MENTAL ZEN

Cuando te vuelves consciente de tus pensamientos, tu capacidad de concentración mejora. Sin embargo, esto no necesariamente te convierte en un mejor *trader* o en una mejor persona. Estoy seguro de que conoces a alguien muy inteligente o capaz, tal vez un maestro, un académico, un científico, un piloto o un cirujano, pero... ¿es esa persona emocionalmente inteligente? ¿Tiene dominio de su mente emocional? Tal vez la persona que conoces lo tenga, pero sabemos que no siempre es así, pero ¿por qué? La respuesta es que no han aprendido a dominar el desapego.

Ser consciente es una gran habilidad, de hecho, una habilidad necesaria para ser un buen *trader* o un buen practicante de Zen, pero debe ir acompañada de la capacidad de reconocer el propio pensamiento dualista, la clave para aprender el desapego.

Considera este escenario de *mindfulness versus* desapego:

Hoy es un día de *trading* para ti. Te levantas temprano y sales a caminar, haces algo de meditación, comes un desayuno saludable y te sientas frente a tu ordenador. Antes de que abra el mercado, revisas los mercados extranjeros y te fijas en que están activos. Ejecutas algunos escaneos con tu *software*, verificas las alertas: estás concentrado y te sientes tranquilo. Eres consciente de tus acciones.

El mercado se abre y está a la baja. Te sorprendes, ya que no es lo que esperabas. Empiezas a pensar que será un mal día. Acabas de etiquetar el mercado como malo y has perdido la conciencia completa de cómo estás pensando. No realizas las operaciones que pretendías al principio. El mercado es malo, por lo que vendes las acciones que pretendías mantener.

A la hora del almuerzo, el mercado da un vuelco. Tu análisis original era correcto: las acciones que podrías haber comprado a un precio más bajo en la apertura han subido. Las operaciones que has vendido a un precio bajo han girado y aumentado por encima de donde has vendido. Te has perdido la oportunidad y los beneficios. Te sientes estresado, frustrado, estúpido y arrepentido, y luego escuchas que un político hizo un comentario negativo sobre las tasas de interés que provocó una reacción del mercado a corto plazo. Estás muy enfadado y juzgas al político como un imbécil, una etiqueta que también resulta incorrecta cuando se descubre más tarde que él sólo se estaba aprovechando de una situación para obtener un beneficio político personal.

A pesar de que eras consciente de tus acciones, te has perdido en el hecho de observar, juzgar y etiquetar al mercado. Eso ha estado mal. Tu mente se ha apegado al pensamiento malo y te has preocupado y puesto nervioso. Has entrado en modo de control de daños, un modo que era innecesario y no formaba parte de tu plan original.

Ahora vamos a reproducir esa escena con un estado de ánimo Zen.

Hoy es un día de *trading* para ti. Te levantas temprano y sales a caminar, haces algo de meditación, comes un desayuno saludable y te sientas frente a tu ordenador. Antes de que abra el mercado, revisas los mercados extranjeros y te fijas en que están activos. Ejecutas algunos escaneos utilizando tu *software*, revisas las alertas, estás concentrado y tranquilo. Eres consciente de tus acciones.

El mercado se abre y está a la baja. Te sorprendes, ya que no es lo que esperabas. Quizá estés decepcionado, pero eres consciente de cómo estás pensando y sintiendo. Observas el mercado con una mente interesada y curiosa, no proclive a juzgar y a etiquetar. Compras las acciones que pretendías y mantienes las operaciones que planeabas mantener porque estás comprometido a seguir tu método.

A la hora del almuerzo, el mercado da un vuelco. Tu análisis original era correcto: descubres más tarde que un político hizo un comentario negativo sobre las tasas de interés que provocó una reacción del mercado a corto plazo. Sonríes para ti mismo, te das cuenta una vez más de que el mercado es propenso a reacciones a corto plazo que a menudo es mejor ignorar.

## ¡SI HAY UN SECRETO, ES ÉSTE!

Espero que hayas identificado el punto más importante de lo anterior:

*Observas el mercado con una mente interesada y curiosa, no proclive a juzgar y a etiquetar.*

Si hay un secreto para el Zen, ¡es éste!

Reflexiona sobre la historia del maestro Zen acusado de engendrar un hijo. Hakuin nunca reaccionó, sólo dijo: «¿Eso es así?». Sabía que reaccionar en ese momento era una pérdida de tiempo: mejor dejar que las cosas sucedan por sí solas, ya que ninguna interferencia por su parte podría cambiar la opinión de nadie. Nunca juzgó ni etiquetó a nadie ni a nada.

Reflexiona también sobre el dicho Zen anterior: «Si no es necesario hacer nada, es necesario no hacer nada».

Si el *trader* en dificultades descrito anteriormente tenía un conjunto de reglas, no había nada que hacer más que seguirlas. Si el *trader* no tenía un conjunto de reglas, estaba experimentando el primer problema de los *traders* sin éxito: no tener un método.

Si tenía un conjunto de reglas y un método, estaba experimentando el segundo problema en el *trading*: no se estaba apegando a esas reglas, y eso se debía a que permitía que su mente se apegara a un pensamiento dualista negativo, en este caso, el juicio del mercado como malo.

En realidad, el mercado no era ni malo ni bueno. Estaba haciendo lo que hacen los mercados: subir y bajar, reaccionar al flujo constante de información que lo afectaba. De hecho, no es el mercado el que reacciona. Muchos *traders* caen en la trampa de pensar que el mercado es algo que no es. El mercado no es una entidad en sí mismo; son sólo todos esos otros *traders* que se unen y luego reaccionan al asalto constante de la información que reciben. Esto incluye sistemas robóticos y mecánicos que reaccionan a la información de precios cambiantes u otros indicadores.

## PUEDES TENER UNA VISIÓN, PERO NO UN APEGO

El peligro de juzgar y etiquetar cualquier cosa en el mercado es que fija tu visión. Los *traders* necesitan un pensamiento flexible, no visiones fijas.

Por supuesto, a veces puede ser muy rentable tener una visión. Por ejemplo, puedes tener la opinión de que el oro subirá y, por lo tanto, agregar posiciones de oro a tu cartera.

Pero el juicio y la etiqueta de «El oro está en un mercado alcista y no lo consideraré de otra manera», reduce la flexibilidad de la mente. Si el oro cae y no lo vendes, o lo duplicas por tu convicción y cae más y tus pérdidas aumentan, esas acciones provienen de tu apego a tu opinión sobre el oro.

El *trader* no vinculado venderá, o incluso revertirá las posiciones (ir en corto), cuando las cosas no salgan como pensaba en un principio. Esos *traders* pueden cambiar de rumbo rápidamente porque no hay apego al análisis original: «El oro está en un mercado alcista». No hay nada de malo en tener una visión del mercado a partir de un buen análisis. Los problemas surgen cuando tu mente se apega a tu visión, lo que reduce la flexibilidad de acción. Estar atento y concentrado durante situaciones cambiantes es una buena habilidad. Sin embargo, no se puede escapar de lo que se requiere para convertirse en el segundo y más flexible *trader* mencionado anteriormente: el *trader* con un estado mental Zen. Para ser así, uno necesita aprender y reconocer el pensamiento dualista de la mente.

La capacidad de mantenerse al margen y observar no sólo la acción del mercado, sino también la propia manera de pensar, es una de las habilidades de *trading* más poderosas que se pueden desarrollar.

# Historia personal del *trading* de Pete

Hace algunos años, estaba asesorando a un cliente que había llegado a la cima de su carrera profesional. La inteligencia de esta persona era incuestionable. Sin embargo, desde el principio noté un fuerte sesgo emocional en muchas decisiones sobre el *trading*, lo que encontré bastante sorprendente considerando sus logros personales.

Más tarde recibí una llamada telefónica durante el horario de apertura del mercado. El cliente estaba bastante afectado y preocupado por la acción del precio del mercado ese día, que había creado un efecto no deseado en una cartera de acciones. Al mismo tiempo, se encontraba en una situación que amenazaba su vida en el trabajo. Después de algunos desvaríos sobre el mercado, llegó la pregunta: «¿Qué hago?». Hice una pausa para reflexionar sobre mi entrenamiento Zen y después le dije: «Apaga la pantalla, olvídate del mercado ahora y concéntrate en tu tarea en el momento presente». La situación terminó de manera segura, pero nunca más volví a saber de mi cliente, tal vez no apreció mi acercamiento directo.[1]

## PROVERBIO ZEN

Dos monjes estaban de pie observando una bandera que se movía con el viento. Uno argumentaba que la bandera se movía, el otro decía que era el viento.

Se acercó un maestro Zen y le preguntaron:

—Maestro, ¿se mueve la bandera o el viento?

—Ninguno de los dos –fue la respuesta–. Es tu mente la que se mueve.

---

1. Casi 10 años después, y justo antes de la publicación de este libro, me reencontré con este señor. Todavía opera y con más éxito, un testimonio de su dedicación para superar sus desafíos personales.

## RESUMEN DEL CAPÍTULO

- Ser consciente consiste primero en desarrollar la conciencia de que tienes un patrón de pensamiento distraído y luego aprender a cambiarlo.
- Observa el mercado con una mente interesada y curiosa, no basada en el de juicio y en las etiquetas.
- Podría decirse que la capacidad de observar tu forma de pensar es la habilidad comercial más poderosa que puedes desarrollar.

# 9

# Tener el control y suprimir el miedo no es la solución

El título y el contenido de este capítulo pueden sorprenderte, porque a menudo escucharás afirmaciones opuestas sobre el *trading*. Muchas personas todavía creen que para ser un buen *trader*, hay que controlar las propias emociones. No podría estar más en desacuerdo. Lo que se requiere es reconocimiento emocional. Mi creencia es que esta habilidad es más común entre las mujeres y, por lo tanto, la razón por la que pueden superar a los hombres en el *trading*.[1]

La capacidad de reconocer primero tus emociones y luego comprenderlas es la clave para que operes bien. Reprimir las emociones sólo crea confusión. Necesitas comprender tus emociones para poder desarrollar una estrategia para lidiar con ellas. Las mujeres parecen más capaces de nombrar sus sentimientos, lo que facilita la identificación de sus pensamientos, lo que permite aclarar sus emociones.[2] Los hombres a menudo se confunden con sus emociones porque carecen de la capacidad de nombrarlas y luego comprenderlas.

A estas alturas, es posible que te estés dando cuenta de que la conciencia de tus pensamientos, seguida del hecho de no apegarse a ellos, es la

1. «The Role of Hormones in Financial Markets», University of Leicester, 2016.
2. «Gender Differences in Emotion Regulation: An fMRI Study of Cognitive Reappraisal», National Library of Medicine (US), 2008.

clave para la paz mental. La tranquilidad es un requisito para operar bien. Una mente crítica y apegada a menudo tomará decisiones temerosas y, por lo tanto, ilógicas, un escenario que debemos evitar si queremos tener éxito a largo plazo.

- Reconocer el miedo y no suprimirlo permitirá que aumentes la calma y la paz mental.
- Reconocer el miedo y no reprimirlo te permitirá operar mejor.

Utilizo la palabra «permitir» porque nada en el Zen es forzado o controlado. La realización, la calma y la paz mental llegan a quienes dejan de controlar o forzar las cosas.

## FLUIR, PERO A VECES LUCHAR

Permíteme darte un ejemplo de cómo reconocer pero no suprimir los pensamientos de la mente puede funcionar en un entorno agresivo o caótico. De joven, estudié kárate y algunas otras artes marciales orientales. También probé el boxeo, una modalidad de lucha más común en Occidente que se enfoca principalmente en dos cosas: ataque (puñetazo) y defensa (bloqueo), con alguna que otra acción de agacharse y zigzaguear.

Las artes marciales orientales se centran en cosas muy similares: ataque y defensa. Sin embargo, hay una gran diferencia táctica: a veces y te haces a un lado y dejas que la fuerza del oponente te pase. No atacas, no defiendes; si puedes, no peleas; de hecho, ¡no haces nada! Además, si se presenta la oportunidad, utilizas la fuerza del atacante a tu favor. No pierdes la ventaja de pensar con claridad. Mantienes la calma y evitas volverte reactivo y llenarte de miedo o de rabia.

Esta filosofía se puede utilizar en el *trading*. A menudo, cuando las operaciones van en su contra, los operadores sienten la necesidad de hacer algo. Sin embargo, ¿te has dado cuenta de que la decisión de actuar proviene principalmente del deseo de aliviar tus sentimientos desagradables? Suprimir el miedo, ignorarlo y, por lo tanto, engañarte a tí mismo pensando que tienes el control, evita que te des cuenta de que sólo estás reaccionando al miedo y no controlándolo. Ésta es la oportunidad para que utilices el miedo como el instrumento que puede ser: la herramienta de la realización.

El miedo no debe descartarse ni suprimirse como una emoción inútil e inconveniente.

## NO UTILICES LA MENTE

Si no has visto la película *El último samurái* protagonizada por Tom Cruise en el papel del capitán Nathan Algren, te recomiendo que veas la maravillosa escena donde está aprendiendo a luchar con una espada de madera. Es derrotado repetidamente, hasta que acepta el consejo de un espectador samurái: «No utilices la mente». El capitán se da cuenta de que está pensando demasiado en su técnica, creando así ira y frustración dentro de sí mismo. Cuando deja de apegarse a los pensamientos de hacerlo bien o mal, comienza a fluir con su oponente y luego con su propia espada. Ese día no gana la pelea (su oponente y él empatan), sin embargo, experimenta un despertar al hecho de que ha estado limitando su propia habilidad a través de su deseo de tener el control. Esta no-mente es el comienzo de su dominio.

Esta escena representa un maravilloso ejemplo de un hombre fuerte y capaz con un impulso y una fuerza de voluntad increíbles, que se aleja del deseo de su mente de controlar y hacer las cosas perfectas. Una vez que permite que esos pensamientos estén en un segundo plano, se enfoca en estar presente en el momento y fluye con la batalla, obtiene el éxito.

Entonces, si controlar nuestras emociones no es la respuesta, ¿cuál es?

## SUPRIMIR EL MIEDO ES LA MAYOR TRAMPA DEL *TRADER*

Una percepción errónea sobre el logro del Zen es que al controlar la mente, no se experimentará el miedo. Déjame asegurarte que eso está muy lejos de ser correcto.

En el Zen, lo que se fomenta es la conciencia del miedo, acompañada del desapego. El pensamiento occidental se centra en evitar o controlar la emoción del miedo. El Zen nos pide que hagamos todo lo contrario. De hecho, quiere que hagamos algo radical: ¡volvernos hacia el miedo y abrazarlo!

Sin embargo, esta teoría no es tan radical cuando consideramos su razonamiento. La conciencia es una herramienta poderosa. Si no observamos qué emociones impulsan nuestras decisiones, ¿cómo descubriremos por qué seguimos repitiendo los mismos errores de la vida o autosaboteando nuestras operaciones? El Zen te pide que «no evites» tus pensamientos, sentimientos y acciones, sino que los mires con una mentalidad de curiosidad y disposición. Esto puede ser muy desafiante.

He sido testigo de personas en un retiro de meditación que se quedan físicamente agotadas cuando se les pide que se sienten y contemplen sus acciones en la vida. Los sentimientos que surgen de la reflexión los abruman, por lo que huyen del desafío de una mayor conciencia y comprensión.

A menudo, no es fácil considerar las preguntas que puede producir la mente inquisitiva. Estos pensamientos desafiantes y preguntas de la vida que surgen podrían incluir:

- ¿Por qué sigo casado?
- ¿Por qué estoy en este trabajo que odio?
- ¿Por qué no digo lo que siento?
- ¿Por qué siento que vivo una vida de tranquila desesperación?
- ¿Por qué compro compulsivamente?
- ¿Por qué como en exceso?
- ¿Por qué bebo tanto?
- ¿Por qué apuesto en los deportes con tanta frecuencia?
- ¿Por qué sufro tanta ansiedad?
- ¿Por qué sufro depresión?
- ¿Por qué veo tanta pornografía?
- ¿Por qué me bloqueo y me niego a actuar para obtener un cambio positivo?

Son preguntas difíciles de responder.

En un retiro de meditación, se te pide que detengas tus pensamientos y acciones habituales, para darle a tu mente el tiempo y el espacio que necesita para abrirse y reflexionar. La reflexión te hará consciente de las preguntas y respuestas que evitas. Luego, por supuesto, a veces se vuelve tan desafiante que quieres salir corriendo, como hacen algunos.

Los *traders* salen corriendo todo el tiempo, pero en lugar de quedarse agotados en un retiro de meditación, salen corriendo del mercado. O corren al mercado para escapar de sus vidas infelices, como hice yo.

Los *traders* también deben tener una mente inquisitiva. Nuestras acciones como *traders* son a menudo un espejo de nuestras acciones en la vida.

En algún momento de tu carrera en el *trading* deberás hacerte preguntas como las siguientes:

- ¿Por qué no compro?
- ¿Por qué no puedo mantener una operación?
- ¿Por qué no puedo vender?
- ¿Por qué miro constantemente la pantalla?
- ¿Por qué opero con tanta frecuencia?
- ¿Por qué cambio siempre de opinión sobre el mercado y el *trading*?
- ¿Por qué escondo mi desempeño a aquellos que podrían ayudarme?
- ¿Por qué no puedo seguir un método sin interferir constantemente en él?
- ¿Por qué no dejo de operar y me tomo un descanso para reevaluar mi método?
- ¿Por qué no puedo pedir ayuda?
- ¿Por qué escondo mi desempeño a mi cónyuge o a mis colegas?
- ¿Por qué no invierto el dinero y el tiempo para recibir capacitación, aprender el nuevo *software* y abordar mis operaciones de una manera mucho más profesional?

De nuevo, son preguntas difíciles. Si has asistido a conferencias sobre *trading*, estoy seguro de que te han aconsejado que detengas tu *trading* habitual (pensamiento y acciones) para darle a tu mente el tiempo y el espacio que necesita para abrirse y reflexionar.

Sin embargo, no haces estas cosas porque estés atrapado en un patrón, un patrón del que aparentemente no puedes salir. Y si éste es el caso, es posible que tengas una adicción al *trading*.

Si reúnes el coraje para detenerte y reflexionar sobre todas estas preguntas personales y de *trading*, las respuestas estarán escondidas tras el...

## MIEDO

Miedo al resultado si actúas. Miedo a las pérdidas si cometes un error. Tienes miedo de que si dejas el trabajo que odias, no podrás conseguir otro, o tendrás que conformarte con uno en el que te paguen menos. Si abandonas esa relación infeliz, temes no poder conocer a nadie más, o puedes temer el dolor emocional o financiero de comenzar de nuevo. Es posible que temas el desafío de aprender algo nuevo, como el curso de *trading* en el que ha estado pensando o algún *software* de prueba retrospectiva que has evitado comprar. Puedes temer la confrontación emocional y el dolor que te provocaría un asesoramiento y tratamiento en profundidad para curar tu ansiedad, depresión o adicciones.

Tus miedos son tan grandes que no haces nada. Eres como un conejo a la luz de los faros de un coche que se aproxima.

Estás paralizado.

Sin embargo, los siguientes son los principales temores que gobiernan las acciones de los *traders*:

• Miedo a las pérdidas.
• Miedo a perderse algo.
• Miedo a perder un beneficio.

¿Cómo te sientes? ¿Está sonando la alarma mientras te expongo cómo puedes pensar y sentir y cuáles pueden ser los problemas?

Desafortunadamente, se vuelve más difícil antes de mejorar. Hasta que te des cuenta y aceptes que las emociones negativas y los patrones en tu vida se repetirán en tu manera de operar, nunca tendrás éxito en el *trading*.

## LA CONCIENCIA ZEN LIBERARÁ TU DOLOR
## Y TU ANSIEDAD

Lo que se requiere de ti es que poseas la capacidad de reconocer el miedo y no apegarte a él ni evitarlo. Desarrollar esa habilidad te brindará la calma y la tranquilidad mental necesarias para desempeñarte bien de manera coherente, no sólo en el *trading*, sino en cualquier actividad que elijas en la vida.

Afortunadamente, hay una solución para todo esto, la cuarta Noble Verdad de Buda: hay un método (sistema) para lograr el fin del sufrimiento, una forma de estar tranquilo y en paz mental.

### Una historia de Taishin Shodo Zen
### (Taishin Shodo es mi nombre de sacerdote ordenado)

Como parte de mi formación, asistí a un retiro de meditación en silencio de cinco días dirigido por un anciano monje de tradición tibetana. Durante el retiro, previa solicitud, pudimos tener una audiencia privada con él. Me consideraba razonablemente experimentado. Llevaba practicando la meditación durante más de veinticinco años, había vivido en un monasterio durante dos años y estaba entrenando para la ordenación Zen. Tenía una pregunta candente en mi mente: ¿cómo superamos el miedo? Entré en la pequeña habitación del monje, me incliné con respeto, como esperaba la tradición, tomé asiento y formulé mi pregunta. Sin dudarlo, emitió su respuesta: «Vuélvete hacia ello. De hecho, haz más que eso. Rodéalo con tus brazos y abrázalo por lo que es: parte de ti. Eres tú. Cuanto más sigas corriendo y evitando el miedo, más tiempo continuará siendo tu enemigo. En el momento en que le des la bienvenida y le sirvas té, se convertirá en tu amigo». En el *trading* y en la vida, nunca dejamos de aprender.

# PROVERBIO SUFÍ, QUE TAMBIÉN ES ZEN

Tú mismo eres tu propia barrera,
levántate desde dentro.

—Idries Shah, destacado pensador sufí del siglo xx—

## RESUMEN DEL CAPÍTULO

- Desarrolla la habilidad de reconocimiento emocional.
- Dale a tu mente el tiempo y el espacio que necesita para abrirse y reflexionar.
- Lo que se requiere de ti es la capacidad de reconocer el miedo como un pensamiento, y luego no apegarte a él ni evitarlo.
- Suprimir el miedo es la mayor trampa del *trader*. La conciencia te liberará.
- Nada en el Zen es forzado o controlado.

# 10

# El sistema Zen para la paz mental y los beneficios

¿Recuerdas las Cuatro Nobles Verdades?

1. La vida es sufrimiento.
2. La causa del sufrimiento es el apego.
3. Es posible acabar con el sufrimiento.
4. Existe un método (sistema) para lograr el fin del sufrimiento.

La cuarta Noble Verdad es el tema de este capítulo.
¿Qué es ese sistema que Buda afirmó haber descubierto?

## PARA OPERAR BIEN EN *TRADING*, NECESITAS UNA MENTE TRANQUILA

Repasemos las correlaciones que hemos identificado entre el *trading* y la vida:

- El *trading* y la vida no son fáciles. A veces, ambos implican pérdida, sufrimiento y, en ocasiones, incluso tragedia.
- No siempre puedes obtener lo que quieres, ya sea del *trading* como de la vida.

- Al ser humanos, tanto si operamos en *trading* como si no, a menudo buscamos formas de escapar de nuestro sufrimiento adoptando estrategias de evitación o de afrontamiento poco saludables.
- Al ser humanos, tememos un resultado desconocido.
- Menos puede ser más si dejamos de lado la necesidad de tener siempre el control.
- La manera en que pensamos, particularmente tomando conciencia de nuestro pensamiento dualista, puede ser primordial para nuestras percepciones sobre el *trading* y la vida.
- Las emociones intensas pueden ser una ventaja, no una desventaja. No es lógico descartar o ignorar nuestros activos.
- Observa el mercado y la vida, particularmente las acciones de los demás, con una mente interesada y curiosa, no basada en el juicio y en las etiquetas.
- Desapegarse no significa que dejemos de amar, de sentir alegría, de estar tristes o de experimentar cualquier otra emoción.
- El distanciamiento puede expandir nuestro pensamiento y reducir las limitaciones autoimpuestas.
- El miedo es a menudo la causa fundamental de nuestras dificultades tanto en el *trading* como en la vida.
- Los maestros Zen también tienen pensamientos temerosos, la diferencia es que no juzgan ni etiquetan esos pensamientos. Esto evita que su mente haga suposiciones rápidas o se vuelva reaccionaria, lo que permite una respuesta más mesurada.

A partir de los puntos anteriores, parecería que si no estás tranquilo, con una mente en paz, es difícil desempeñarse bien en el entorno incierto y, a veces, caótico del mercado de valores, y también en el entorno caótico que puede ser la vida.

Como *traders* y participantes en la vida, debemos aprender a estar tranquilos, aceptar que trabajamos y vivimos en un entorno incierto y dejar de lado la necesidad de saber el resultado.

Como mencioné al comienzo de este libro, el buen desempeño en cualquier profesión requiere teoría y práctica, y eso no es diferente en el sistema que desarrolló Buda.

## CINCO DE LAS SEIS REGLAS DE PAZ Y BENEFICIO

Desde una perspectiva Zen, aquí está la parte teórica del sistema.

Hay cinco reglas teóricas, y algunas de ellas probablemente no te gusten.

1. Abstenerse de matar.
2. Abstenerse de robar.
3. Abstenerse de mentir, chismorrear o de emitir cualquier discurso falso.
4. Abstenerse de la mala conducta sexual.
5. Abstenerse de tomar sustancias intoxicantes.

Además de éstas, la regla final y sexta es la parte práctica del sistema, que lo reúne todo, y esa regla es: meditar (que se tratará en el próximo capítulo).

Antes de retroceder horrorizado y pensar que estás de regreso en la iglesia, el templo o la escuela dominical, considera el objetivo que queremos lograr: estar tranquilo y en paz mental.


## SEGUIR LAS REGLAS TE MANTIENE ZEN

Las cinco reglas anteriores son lo que el Zen llama los «Cinco Preceptos». Si realmente quieres relajarte como *trader* y como persona, entonces es el paquete de inicio para cambiar hacia mejor. El Zen, a diferencia de muchos sistemas religiosos, filosóficos o de creencias, pone la responsabilidad completamente en ti al utilizar el término «abstente». No hay «No deberás...». Cómo realizas el *trading* y cómo vives son elecciones tuyas. Como profesor de *trading*, puedo señalarte el camino hacia lo que funciona, después puedes decidir si te conviene o no.

Como profesor de Zen, hago lo mismo.

## ALGUNOS EJEMPLOS DE VIDA DE LAS CINCO PETICIONES DE ABSTENCIÓN

1. **La mayoría de nosotros no andamos matando por ahí.** Sin embargo, hay ocasiones en las que lo apruebas con tus acciones, por ejemplo: comprar un bistec bien envasado en el supermercado. No estoy diciendo que no puedas comer carne, te estoy señalando la aprobación subconsciente de una acción que tal vez detestes. Si tuvieras que realizar el acto de matar a otro ser vivo con tus propias manos, ¿cambiaría esto las elecciones que quizás haces ahora de manera inconsciente? Aparte del lado moral de este discurso, están los factores de salud. Todos hemos leído lo que dice la ciencia: sabemos que una dieta baja en carne y alta en vegetales, frutas y cereales es mejor para el cuerpo y para la mente.

2. **La mayoría de nosotros no andamos robando por ahí.** Sin embargo, hay momentos en los que inconsciente o conscientemente puedes aprobarlo. Puedes darte cuenta de que el cajero de la tienda comete un error matemático a tu favor, y no le dices nada. Tu colega está ausente el día que tu jefe elogia al equipo por una idea ingeniosa, y te olvidas de señalar que no fue idea tuya, sino de tu colega ausente. Inicias sesión en un sitio web suscrito con el nombre de usuario y la contraseña de un amigo para evitar la tarifa de inscripción. Aparcas en un estacionamiento asignado a conductores discapacitados y lo justificas pensando que sólo estarás allí durante unos minutos.

3. **La mayoría de nosotros no somos mentirosos siempre**, pero distorsionamos la verdad para evitar la confrontación emocional. No revelamos nuestros errores de *trading* a nuestros socios y sólo hablamos de nuestras ganancias a nuestros colegas, sin mencionar que tenemos una docena de operaciones perdedoras en una cuenta oculta. Nuestras expediciones de terapia de compras parecen surrealistas; mantenemos oculto a nuestro socio un saldo de tarjeta de crédito creciente. Nos quejamos de cómo se organizan las cosas en nuestra comunidad, pero no ofrecemos ayuda ni hacemos sugerencias constructivas. Chismorreamos sobre los demás y somos nega-

tivos y críticos con ellos; es una manera de evitar la responsabilidad de nuestras propias luchas y frustraciones.

4. **Muchos de nosotros somos fieles a nuestras esposas, esposos o parejas.** Sin embargo, muchos están descontentos y desean otra cosa o planean y piensan constantemente en escapar. Es probable que las mujeres busquen una gratificación emocional fuera de su relación. Los hombres son más propensos a codiciar a otras mujeres, tener aventuras, contratar prostitutas e ir a salones de masajes o tener una adicción a la pornografía. Es más fácil masturbarse mientras miramos a otra persona que revelar nuestros verdaderos sentimientos y frustraciones a nuestra pareja, terapeuta o amigo cercano. Nuestras parejas son objetos de seguridad, atracción física o hábito. Podemos sentirnos sexualmente inadecuados o emocionalmente asustados, por lo que evitamos la intimidad genuina; es posible que ni siquiera sepamos qué es eso o qué se siente realmente. Vamos a la bolsa de valores a sentirnos estimulados, a sentir cualquier cosa, porque por dentro estamos vacíos. Ganemos o perdamos, al menos nos sentimos conectados con algo, aunque sea doloroso.

5. **A la mayoría de nosotros nos gusta beber y lo consideramos una recompensa después de trabajar duro.** El alcohol puede calmar los nervios y mejorar tu capacidad de relajarte y socializar. A veces, un trago se convierte en tres y de repente estás bebiendo todos los días de la semana y más los fines de semana. «No pasa nada, sólo soy un bebedor social», te justificas a ti mismo. Uno o dos tragos no te harán daño; algunos beben mucho más que tú. Bebes mucho, pero crees que tienes un alto funcionamiento. Si eres joven, puedes tomarte una pastilla o dos en una fiesta o en una *rave*. Sabes que no es aconsejable mezclar el alcohol con las pastillas, así que en vez de eso te recargas con un par de caladas de marihuana o algo de cocaína. Vives o trabajas en la ciudad y tienes un trabajo corporativo; tus colegas beben todas las noches, tal vez incluso en el almuerzo, es parte del trabajo. Las reuniones de la mañana son en la cafetería de abajo. Necesitas dos tragos fuertes para ponerte en marcha, y algunos más a lo largo del día. Bebes alcohol para

relajarte y café para despejarte. Vives con la mente constantemente repleta de pensamientos y eres reaccionario o inconsciente de lo que dices o haces. Tu enfoque es pobre y te falta conciencia, sobre todo conciencia de ti mismo. Has escuchado los términos «presencia» y «flujo», pero nunca los has experimentado o has entendido realmente lo que son.

## CORRELACIONES IMPORTANTES ENTRE *TRADING* Y ZEN

El movimiento de un mercado financiero se correlaciona con los demás. Lo que sucede en Estados Unidos afecta a los mercados europeos y asiáticos. Los comentarios de los líderes mundiales pueden afectar a un mercado de valores o a una moneda. El crecimiento global aumenta la demanda de petróleo, impulsando las reservas de petróleo y otros sectores de crecimiento de la economía. La incertidumbre aumenta la mentalidad de aversión al riesgo y puede producir una fuga hacia el oro y las acciones de oro. Los recortes en las tasas de interés pueden generar demanda de acciones financieras y de propiedad. La forma en que un mercado se comporta y reacciona afecta a otro.

El rendimiento de un *trader* se correlaciona con su estilo de vida. Lo que comemos y bebemos afecta a nuestra manera de pensar. Nuestras mentiras, egoísmo y acciones inútiles pueden producir sentimientos de confusión y desconexión. La emoción y la montaña rusa emocional de una aventura producen culpa, indecisión y estrés. Otras técnicas de evitación en nuestra vida personal causan emociones malsanas similares. Nuestras estrategias de afrontamiento y adicciones conducen a dificultades financieras, ejerciendo aún más presión sobre nuestro frágil sentido de la identidad. Sin honestidad e integridad, podemos sentirnos frustrados, enojados, confusos y controladores o reactivos.

Para operar bien, necesitamos calma y tranquilidad. Para alcanzar ese estado, necesitamos ser conscientes de nuestros pensamientos y sentimientos. Es difícil ser consciente de nuestros pensamientos y sentimientos y ser consciente del pensamiento dualista si nuestro ser físico y mental está lidiando con el estrés desde todos los ángulos. La coherencia es la clave para la calma. Cuando los diferentes mercados son coherentes y sin conflictos, funcionan de manera consistente. Cuando la vida personal de un *trader* es disciplinada, honesta, estructurada y saludable, se refleja en resultados de *trading* consistentes.

Reconozco que abstenerse puede ser un desafío, pero si quieres obtener rendimientos, considera cuán dedicados son los deportistas profesionales. Saben que se necesita disciplina, trabajo duro y una combinación de teoría y entrenamiento antes de poder disfrutar de las recompensas de la victoria. Si quieres operar como un maestro Zen, necesitas calma y tranquilidad. Para tener tranquilidad, debes ser como el deportista disciplinado y de éxito. Aplica el esfuerzo de la disciplina a la teoría Zen; hazlo adoptando los Cinco Preceptos.

Para que tu mente aprecie tus esfuerzos por comprender y adoptar la teoría, también necesitas entrenarte. Similar al entrenamiento físico del deportista profesional, la meditación es tu entrenamiento y tu práctica, y de esto hablaré en el siguiente capítulo.

## Historia personal del *trading* de Pete

Durante 2007 utilice sistemas de *trading* de tendencia en un marco de tiempo semanal. También operaba con sistemas de impulso agresivos, desarrollados unos años antes con mi grupo de investigación y desarrollo. Los mercados estaban calientes y las ganancias fluían. Sin embargo, mis operaciones de *trading* continuaban siendo erráticas e inestables, un reflejo de mi mente. Me había separado de mi pareja durante 20 años y vivía solo en un apartamento junto a la playa. Mi padre estaba gravemente enfermo, y yo tenía la responsabilidad de mantener su carrera financiera y cuidar de su estado físico. Todavía me sentía emocionalmente quemado por un negocio de propiedades en el que perdí dinero dos años antes. Estaba soltero, algo amargado y dolorido con el mundo. Me lancé a los mercados, aferrándome a mi identidad, y comencé a llevar a cabo una suerte de *trading* vengativo. Pasé muchas noches (en el horario este de Australia) operando en el mercado del oro cuando los mercados de Estados Unidos y Londres estaban abiertos. Utilicé gráficos de un minuto para aumentar mi frecuencia de negociación. Podía ganar 10 000 dólares australianos una noche y perder lo mismo la noche siguiente.

Estaba obteniendo al menos diez veces mi ingreso promedio anual, a menudo más. Recuerdo haber tenido un ataque de ansiedad cuando mi cuenta fluctuó mucho en un día de mercado volátil. Un ataque de ansiedad severo se experimenta como un ataque al corazón: es muy aterrador. Una noche me tendí en el suelo en posición semifetal, llorando: «Sólo quiero irme a casa», sabiendo muy bien que no era un hogar físico lo que anhelaba, sino un hogar emocional. Mis sentimientos de tristeza, alegría, identidad y confianza se correlacionaban con el saldo de mi cuenta. Después de una racha ganadora, me vestía, conducía mi lindo y pequeño Mercedes blanco a mi elegante bar local y era el hombre que charlaba con las chicas, invitaba a beber a extraños, y era feliz y confiado.

Durante mis malas rachas, me quedaba en casa o caminaba por la playa para aminorar mi depresión y me preguntaba: «¿Existe una manera mejor de hacer las cosas?». Mis cuentas de *trading* de tendencia a medio y largo plazo estaban ganando, pero mis operaciones impulsivas a corto plazo arrastraban a mis cuentas hacia abajo, y a mí con ellas. No estaba bien y lo sabía. Lo más frustrante fue que a pesar de todo mi conocimiento, inteligencia, experiencia, cursos, entrenadores, estudio, trabajo duro y victorias, me sentía como una mierda.

La siguiente cita es de Alan Watts, un escritor y orador británico. A pesar de sus desafíos personales, se le ha atribuido la interpretación y popularización del budismo Zen. Watts fumaba mucho y en sus últimos años bebió mucho. Murió en 1973 a los 58 años.

## PROVERBIO ZEN

Nadie está más peligrosamente loco que el que está cuerdo todo el tiempo. Es como un puente de acero sin flexibilidad, y el orden de su vida es rígido y quebradizo.

## RESUMEN DEL CAPÍTULO

- Para operar bien en el *trading* se necesita una mente en paz.
- Tu rendimiento en el *trading* se correlaciona con tu vida personal.
- Cuanto más honesto, estructurado y disciplinado seas, más beneficios obtendrás en tu vida y en tu *trading*.
- Seguir un buen sistema de vida, como el Zen, es como seguir un buen método de *trading*: ninguno es perfecto, pero cada uno brinda estructura en entornos inciertos.

# 11

# La meditación, la regla más importante del sistema Zen

Todos los buenos métodos tienen un componente teórico. Sin embargo, la teoría por sí sola no es suficiente. Para dominar un método, la teoría debe combinarse con la práctica. Con respecto al método Zen, los Cinco Preceptos son la teoría y la sexta y última regla del sistema es la práctica: la meditación.

La meditación es la parte práctica del sistema del Zen.

La práctica (método) del Zen es similar a un método de *trading*, pero cualquiera de los métodos es útil sólo cuando se implementa. Si no implementas tu método de *trading* durante un período de tiempo, no sabrás cómo funciona y si se adapta a tu personalidad. No puedes ganar dinero si te quedas al margen y evitas el trabajo de *trading* de comprar y vender y las emociones resultantes. Uno de los mayores desafíos del *trading* es dejar de lado la eterna búsqueda de certeza y enfrentarte a tus miedos, y llevar a cabo el proceso de negociación. Nos damos cuenta de que para tener ganancias, debemos operar (aunque a veces no tenemos ganas).

Para tener éxito en el *trading*, simplemente debemos operar.

La persona que evita la meditación es similar al *trader* que no opera con diligencia. Si no meditas durante un período de tiempo, no valorarás el beneficio de seguir los Cinco Preceptos ni llegarás a apreciar cómo el hecho de hacerlo (o de no hacerlo) afectará a tu personalidad. No puedes alcanzar un estado de calma y paz mental si evitas el trabajo de meditar.

Tampoco puedes esperar experimentar las emociones y la comprensión que sólo produce la meditación. Uno de los mayores desafíos del Zen es dejar de lado la eterna búsqueda de la certeza y enfrentarse a los miedos, y pasar por el proceso práctico de la meditación. Nos damos cuenta de que para tener calma y paz mental, debemos meditar (aunque a veces no nos apetezca).

Para tener éxito en el Zen, simplemente debemos meditar.

## COMBINAR DISCIPLINAS PARA OBTENER PAZ Y BENEFICIOS

Creo que uno de los ejercicios más beneficiosos que tú (o cualquier persona) puedes hacer para mejorar tus resultados financieros es éste: no importa lo experimentado que seas, debes seleccionar sólo un método y operar con ese método de manera diligente y consistente durante un período de tiempo. Mantén buenos registros de ganancias y pérdidas y de cómo se realizaron las operaciones. Durante el ejercicio del *trading*, también es importante tomar notas sobre tus emociones y reacciones. Este procedimiento de prueba, medición y análisis hará más por tu *trading* que cualquier curso, libro, conferencia, podcast, vídeo de YouTube o posiblemente cualquier otra modalidad de capacitación. En los últimos años, los simuladores de *trading* se han convertido en una popular herramienta de enseñanza. Sin embargo, los simuladores no producen la intensidad emocional del *trading* en vivo y de poner toda la carne en el asador.

Por ejemplo, podrías implementar un sistema de un período de un año, un sistema que está diseñado para analizarse semanalmente. Apégate a él, regístralo, siente la experiencia y descubre cómo expande tu conocimiento y tu pensamiento. Tu método puede ser totalmente sistemático, discrecional o regido en gran medida por fundamentos económicos. Podría ser una combinación de todas esas cualidades. Una vez que hayas elegido un método, operar con él es la única manera en que puedes evaluar cómo funciona y cómo te sientes al respecto de su funcionamiento. Un sistema simple con sólo un puñado de reglas, aplicado con diligencia y paciencia, obviamente producirá resultados. También producirá un inevitable momento de realización. Ese momento es lo que un colega *trader* mío llama el «momento ¡ajá!». Todos los estudiantes de *trading* a los que he enseñado, y no exagero cuando digo cada uno de ellos, han tenido el momento ¡ajá! Es el instante en que entienden que el *trading* es un proceso, un proceso que se desarrolla si nos quitamos del camino y lo dejamos ser.

A menudo, después de algún tiempo en el mercado (podrían ser años), los aspirantes a *trader* me contactan para hacerme preguntas. Algunas de esas preguntas son técnicas, pero muchas se refieren a su sufrimiento relacionado con las experiencias del *trading*. Esto marca un momento de realización: el momento en que se dan cuenta de que necesitan algo más, algo más que conocimientos técnicos.

Ese algo más es la calma y la paz mental.

Creo que uno de los ejercicios más beneficiosos que una persona puede hacer para mejorar su comprensión del Zen es éste: esfuérzate por implementar los Cinco Preceptos y medita regularmente. Es la combinación de teoría y práctica lo que produce el resultado de una mente tranquila y en paz.

La disciplina comercial y la disciplina Zen requieren un enfoque similar. Las reglas son simples: apégate a ellas. Haz tu mayor esfuerzo para abstenerte de las cosas de tu vida que obstruirán tu claridad mental. Aplica las reglas de los Cinco Preceptos y luego mejora esa claridad mental con la meditación. Cuanto más introduzcas los Cinco Preceptos en tu vida, más fácil te resultará meditar. Cuanto más medites, más fácil te resultará seguir esos preceptos.

Recuerda que las acciones y los resultados en tu vida fuera del *trading* se corresponderán con tus acciones y resultados dentro del *trading*. El *trading* y la vida están correlacionados. Un buen y simple sistema de seguimiento de tendencias, aplicado con paciencia y disciplina Zen, acumula capital con el tiempo y te recompensa con grandes ganancias.

El sistema Zen hará lo mismo por tu vida. Complementará las cualidades positivas y anulará las negativas.

Éstos son algunos de los beneficios de la antigua práctica de la meditación Zen. ¿Crees que estos beneficios te ayudarían a operar?

- Mayor autoestima y confianza en uno mismo, lo que conduce a mejores relaciones en general.
- Adquisición de sabiduría y claridad mental, con una mejor concentración.
- Mayor fuerza interior y mejor toma de decisiones.
- Reducción de la parloteo mental /mente ocupada (mente de mono).
- Sensación de felicidad juvenil y apertura a la vida.
- Curación de la depresión crónica y de la ansiedad.
- Marcada mejoría al dormir.
- Facilidad para afrontar situaciones previamente difíciles.
- Reducción del estrés crónico.

## LA BONIFICACIÓN DE LA REGLA SEIS: OPERA Y SÉ FELIZ

Hay afirmaciones extraordinarias sobre cómo la meditación mejorará tu vida (que incluye tu destreza en el *trading*). Por lo tanto, es importante examinar el concepto de «meditación». La práctica está diseñada para hacernos conscientes del pensamiento habitual, y esto sólo puede mejorar nuestro *trading*. Como beneficio adicional, también puede conducir a una mayor felicidad. Después de todo, comenzamos en el *trading* para mejorar nuestras vidas. Si la meditación mejora nuestro *trading* y nos hace más felices, obtendremos el doble de retorno de nuestra inversión.

Cuando ralentizas el parloteo de la mente a través de la meditación, ese proceso simple permite que desarrolles una habilidad vital: la capacidad de tomar conciencia del parloteo.

Un ejemplo es cuando escuchas a un bebé que está aprendiendo a hablar. El niño o la niña es relativamente incoherente y balbucea porque puede hacerlo. Escuchas pacientemente, y quizá con diversión, discerniendo la información que escuchas y no tomándola demasiado en serio.

Si puedes ser un observador consciente del parloteo de tu propia mente, tú (tu plena conciencia) te convertirás en el amo. La mente puede ser un buen estudiante. Al convertirte en un observador de tus propios pensamientos, también puedes convertirte en un investigador, y cuestionar con tranquilidad los pensamientos que a menudo se forman a partir de condicionamientos pasados. Ahora puedes comenzar a comprender mejor las técnicas de procesamiento de tu mente y cómo mejorarlas, y así volverte una persona más tranquila, más sabia, menos reactiva y más efectiva. Con sólo fijarnos en un pensamiento y no apegarnos a él, nos convertimos en observadores de nuestros procesos de pensamiento. Al no atribuir ningún significado, conclusión o juicio al pensamiento, podemos comenzar a desapegarnos de nuestro condicionamiento, y así ser más capaces de tener una visión alternativa. Esta nueva conciencia le da a la mente una visión abierta e ilimitada, lo que permite que surja una mayor comprensión de manera natural y que disminuya el sufrimiento emocional.

Ahora hablaremos sobre un truco para dominar la meditación, ya que a muchos les resulta difícil.

## DEJA ESA HERRAMIENTA UN MOMENTO

Los humanos tienen un activo increíble que los animales no tienen: un cerebro grande e inteligente. Ese órgano puede ser nuestro mayor activo y nuestro peor pasivo. Nuestros cerebros son solucionadores de problemas y están diseñados para pensar. Podríamos considerar el cerebro como una herramienta: si se utiliza bien, es la mejor herramienta que tenemos en nuestro poder. Una vez que se resuelve un problema, idealmente deberíamos dejar esa herramienta a un lado, sin importar durante cuánto tiempo. Pero muchas personas y muchos *traders* nunca la dejan. Abusan de ella al meditar sobre el pasado y al preocuparse de un modo innecesario por las consecuencias a menudo improbables del futuro. Son adictos a pensar y pagan un alto precio por esa adicción, ya que nunca experimentan paz mental o calma. Y así no pueden ser verdaderamente felices.

La meditación es un descanso del trabajo mental. Cuando meditamos, en realidad, no hay nada que hacer excepto esperar con paciencia a que los pensamientos desaparezcan, mientras permanecemos alerta y pasivamente conscientes. Haré una comparación con un estado mental de algunos animales: el de la conciencia animal alerta. Imagina un antílope pastando de manera pasiva en la sabana, con tranquilidad, consciente de su entorno, pero listo para huir a la primera señal de peligro. Cuando termina la acción de huida (si es que ha sido necesaria), vuelve a su estado de calma y alerta, y continúa pastando, pero siempre listo para responder si es necesario.

La meditación nos enseña a utilizar la mente de una manera que muchos perciben como lo opuesto al trabajo de la mente. La mayoría considera el pensamiento como un fin en sí mismo, en lugar de simplemente un medio para un fin. La mejor manera de utilizar la mente es aplicar su lógica a un problema, luego dejar esa lógica a un lado y descansar en calma y paz mental, similar a la capacidad del antílope para volver a un estado de calma y alerta.

## LOS CUATRO PASOS DE CARNEGIE: UN EJEMPLO OCCIDENTAL DE DEJAR LA HERRAMIENTA

Durante mi infancia, mi madre me identificó como una persona preocupada. Ella misma era propensa a la misma aflicción. Mi madre me dio un libro para leer: *Cómo suprimir las preocupaciones y disfrutar de la vida*, de Dale Carnegie. Todavía recuerdo el proceso de cuatro pasos del Sr. Carnegie para la resolución meditativa de problemas:

1. Identifica el problema o qué es lo que te preocupa.
2. Reúne toda la información que puedas sobre el asunto. Ese simple paso a menudo puede resolver el problema. Si no es así, te ofrece opciones que conducen al paso 3.
3. A partir de la información y las opciones reunidas en el paso 2, decide tu curso de acción.
4. ¡Cualquiera que sea la decisión, apégate a ella! Establece un marco de tiempo para tu decisión, luego vuelve a evaluar la situación cuando se acabe el tiempo.

Al comienzo de su carrera, el Sr. Carnegie fue maestro de una escuela nocturna. Se fijó en un patrón de pensamiento entre sus estudiantes. A los preocupados les costaba progresar en sus estudios y vidas. Los alumnos que no se preocupaban tanto progresaban con más facilidad. Para ayudar a otros, escribió el libro mencionado anteriormente, uno de los primeros textos modernos de autoayuda.

El proceso de cuatro pasos descrito antes es un ejemplo de cómo utilizar la mente como una herramienta de la lógica y luego aplicar un proceso sensato. Se puede utilizar un proceso similar para desarrollar un sistema de *trading* lógico y simple, como el que se describe en el capítulo 3.

Cuando presento y enseño los cuatro pasos de Carnegie a los estudiantes de *trading*, la mayoría está de acuerdo en que el paso 3, en el que se dan las claves para decidir el curso de acción, es bastante desafiante. Sin embargo, con mucho, el más difícil es el paso 4: apegarse a la decisión. El paso 4 es donde la mente pensante no quiere detenerse. No quiere soltar su codiciado oficio de tramitar y trabajar para seguir resolviendo, buscando más o buscando mejor. Quiere mantenerte a salvo, pero en esta etapa del proceso dejar ir y dejar ser es lo que necesitas de la mente. Las decisiones y los planes tardan en evolucionar y producir resultados. Sin duda, ahora puedes comprender lo difícil que es para muchos *traders* dejar que las ganancias corran, porque el *trading* requiere que tu mente se suelte y se deje llevar. Por supuesto, haz tu análisis, pero una vez que decidas sobre una operación, actúa de acuerdo con esa decisión; después de eso, no hay nada más que hacer. Bueno, ¡en realidad sí lo hay! Deja de pensar en ello: deja ir el pensamiento y deja que el *trading* sea. Deja la herramienta de la lógica. ¡Si no puedes aprender a hacer eso, sabotearás tu *trading* al interferir en el proceso lógico, y que para su desarrollo es muy probable que dedicaras mucho tiempo y dinero!

En este punto, la meditación Zen continúa donde la dejó Dale Carnegie.

Es bien sabido que el *trading* atrae a pensadores inteligentes, analíticos y lógicos. No es de extrañar que tengan dificultades con el paso 4. Aplicar el Zen a su *trading* les pide que acepten, se detengan, suelten, se dejen llevar y se enfrenten a lo desconocido. Permite que el proceso de tu plan se desarrolle. Comprensiblemente, eso es algo muy difícil de hacer cuando muchos han sido condicionados para mantener el control, tomar decisiones frecuentes o microgestionar una situación.

Dale Carnegie desarrolló una gran idea: utilizar la lógica de la mente para formular un plan. Era un hombre de negocios y sabía que los planes son imprescindibles para el éxito. El *trading* no es diferente. Sin embargo, no se dio cuenta de lo difícil que es para muchas personas no volver a caer en el modo de preocupación y luego experimentar la tentación de cambiar su plan, repensar ideas, adivinar, microgestionar, observar constantemente, concentrarse demasiado en lo que otros están haciendo o diciendo, entrometerse innecesariamente o seguir analizando en un estado de parálisis analítico. Estas personas necesitan otra forma de entrenamiento además de la lógica, o incluso de la fuerza de voluntad.

Necesitan la meditación.

## LOS NEUROCIENTÍFICOS SE ENCUENTRAN CON EL ZEN

Los neurocientíficos de la Universidad de Harvard han llevado a cabo experimentos con resonancias magnéticas y han descubierto que la meditación puede conducir al engrosamiento de la corteza prefrontal del cerebro en ciertas áreas, lo que mejora el rendimiento de las funciones cerebrales superiores. También encontraron que la amígdala, a veces llamada el órgano del miedo del cerebro, comienza a encogerse, lo que reduce la hiperactividad inducida por el estrés.[1]

En sus *Ensayos sobre el budismo Zen*, el profesor Daisetz Teitaro Suzuki describe varios niveles de estados mentales. Hace comparaciones entre la meditación y lo que sucede cuando dormimos profundamente. Durante la meditación profunda, hay una pérdida de conciencia que no se puede distinguir del sueño profundo sin sueños. La diferencia es que, cuando estamos dormidos, estamos inconscientes, pero cuando estamos en un estado de meditación, nuestras mentes están relajadas pero aún conscientes.

Así, cuando meditamos, alcanzamos un estado de conciencia como el de una especie de *superantílope*: tranquilos, menos afectados por los estí-

---

1. sitn.hms.harvard.edu/flash/2013/mindfulness-meditation-a-mental-workout-to-benefit-the-brain

mulos externos, pero listos para actuar si es necesario. Es posible (de hecho, te lo aseguro, porque lo he experimentado y visto repetidamente) que los meditadores habituales se vuelvan personas más tranquilas, menos reactivas y aumenten su nivel de funcionamiento.

## PARA QUÉ SIRVE REALMENTE ESTA HERRAMIENTA

La actividad mental consciente y el pensamiento lógico son las soluciones a muchos de nuestros problemas y desafíos, por ejemplo, para desarrollar un plan de *trading*. Sin embargo, el pensamiento mal dirigido a veces puede tener un efecto perjudicial en nuestra búsqueda de la felicidad. Muchos dirían que la felicidad es el resultado ideal logrado por la mente pensante, utilizando su lógica para crear un resultado de éxito. El Zen, por otro lado, dice que la felicidad, la tranquilidad y la paz mental provienen de la práctica de dejar la herramienta de la lógica. No encontrarás mejor momento para hacerlo que durante tu meditación o después de tu decisión de comprometerte con una operación de *trading*. Esta práctica de dejar ir resultará en dos habilidades de gran valor: en primer lugar, podrás llevar la experiencia de la calma meditativa a tu vida y a tu trabajo; en segundo lugar, la lógica de la mente se intensificará tomando descansos del pensamiento continuo y del exceso de trabajo. Estará menos cargada y será libre para funcionar con claridad, durante el *trading* y en la vida diaria.

De niño, tuviste que aprender a caminar y a hablar. Muchos no se dan cuenta que también hay que aprender a entrenar la mente para ser feliz. La práctica de dejar de pensar durante la meditación, mientras nos mantenemos en alerta intensa y pasivamente conscientes, nos vuelve a familiarizar con la tranquilidad mental que tienen los niños pequeños. Ese sentimiento a veces se llama felicidad. Es el asombro que experimenta un niño ante una nueva experiencia. La dicha puede ser un estado mental sin pensamientos inútiles como deseos irrazonables, expectativas, ansiedades y preocupaciones sobre el futuro, los tipos de pensamientos que crean un deseo de control excesivo.

La forma de vida y la meditación Zen te familiarizarán con una profunda calma y paz mental. Eso son los resultados de permitir que la herramienta de la lógica descanse cuando no se necesita. Este establecimiento de la lógica puede ser temporal, tal vez sólo durante unos minutos al día, y luego puedes aumentar poco a poco ese tiempo hasta la cantidad que consideres más beneficiosa para ti. Algunos encuentran más constructivo meditar durante períodos más cortos dos veces al día que durante un período largo. Experimenta y encontrarás tus preferencias. Realmente no hay nada que hacer en la meditación, sólo descansar del trabajo mental mientras se permanece alerta y pasivamente consciente, al igual que nuestro prójimo, el antílope.

## Historia personal del *trading* de Pete

En 2016 me brindaron la oportunidad de ordenarme sacerdote Zen. Sentí que no estaba listo para tal compromiso y necesitaba más estudio y capacitación, así que viajé a Taiwán y luego a Japón para realizar un retiro de meditación. Una mañana estaba trabajando junto a un monje anciano, quitando las malas hierbas de los caminos del templo. Le hice una pregunta técnica sobre el Zen y me dijo: «¿Ves esa hierba que tienes delante? Quítala». Sin inmutarme, le hice otra pregunta y la respuesta fue: «¿Ves esa otra hierba a tu lado? Quítala también».

En ese momento me di cuenta de lo que estaba tratando de enseñarme. El Zen no se trata sólo de lo que sabes, sino de cómo podrías ser. El *trading* es lo mismo.

Continué quitando malas hierbas en silencio.

## PROVERBIO ZEN

Dos monjes, uno mayor y otro joven, viajaban juntos. En un momento dado llegaron a un río con una fuerte corriente. Mientras los monjes se preparaban para cruzarlo, vieron a una mujer muy joven y hermosa que también intentaba cruzar. La joven preguntó si la podían ayudar a pasar al otro lado.

Los dos monjes se miraron, porque ambos habían hecho votos de no tocar a una mujer.

Entonces, sin una palabra, el monje mayor levantó a la mujer, la llevó al otro lado del río y la colocó suavemente en la orilla. Luego continuó su viaje.

El monje más joven no podía creer lo que acababa de suceder. Después de reunirse con su compañero, se quedó en silencio. Pasó una hora sin que cruzaran una sola palabra entre ellos.

Pasaron dos horas más, luego tres. Por fin, el monje más joven no pudo contenerse más y exclamó: «Como monjes, no se nos permite tocar a una mujer. ¿Cómo pudiste entonces llevar a esa mujer sobre tus hombros?».

El monje mayor lo miró y respondió: «Yo la dejé al otro lado del río hace horas. ¿Por qué tú todavía la llevas encima?».

## RESUMEN DEL CAPÍTULO

- La meditación es la sexta y última regla del sistema de paz y beneficios.
- Lo mejor es combinar la meditación con las otras disciplinas de estilo de vida del Zen.
- Uno de los mayores activos de nuestra mente es su capacidad de pensar (y de resolver problemas).
- Uno de los peores pasivos de nuestra mente es su incapacidad para desconectar y descansar: dejar de lado por un tiempo su deseo de pensar, planificar, conocer y deducir, lo que a menudo resulta en preocupación.
- Los *traders* deben aprender la habilidad de enfocar el poder de la mente, para razonar con lógica sin la propensión a pensar demasiado, para que los eventos puedan desarrollarse sin interferencias.
- La meditación Zen puede crear una mente alerta intensamente inteligente, que también es pacífica y pasivamente consciente.

# 12

# La medición de la paz mental

Si seguir los Cinco Preceptos y meditar desarrolla nuestra conciencia, profundidad de realización y niveles de conciencia, y también aumenta la probabilidad de tener éxito en el *trading* y en la vida, ¿cómo sabemos si estamos progresando bien?

La lógica de implementar (y ceñirse a) un método de *trading* durante un período de tiempo es que los resultados y el rendimiento se pueden medir. Después del período designado, uno puede revisar y ajustar el método y/o el propio desempeño en el *trading*. Este proceso de prueba y medida continúa. Con suerte, el resultado es una tendencia alcista continua en el rendimiento. Es un proceso relativamente simple de seguir como parte de una estrategia general al operar. Sin embargo, ¿cómo se mide el rendimiento de la meditación o los niveles de conciencia, especialmente si el objetivo es medir los niveles de calma y tranquilidad en el *trading* y en la vida? ¿Qué sistema de control o medición tenemos a nuestra disposición para examinar modalidades tan sutiles?

## LA COMPRENSIÓN EN EL ZEN Y LOS RESULTADOS DEL *TRADING* NO PUEDEN SER FORZADOS NI CONTROLADOS

El resumen del capítulo 8 incluía la declaración: «Nada en el Zen es forzado o controlado». El poder del Zen proviene de ser un observador, de permitir que los eventos se desarrollen y no forzar la voluntad sobre una situación. No puedes forzar tu voluntad en el mercado. Sin embargo, la capacidad de decidir cuál será tu respuesta dependerá de tu nivel de conciencia.

En su libro *El poder frente a la fuerza*, el Dr. David Hawkins explica la conexión entre los niveles individuales de conciencia y el comportamiento humano. También le pide al lector que considere dónde existe el verdadero poder.

El Dr. Hawkins afirma que cada decisión que tomamos y cada acción que realizamos está impulsada por nuestro nivel individual de conciencia. Hawkins lleva el concepto un paso más allá cuando escala el nivel de conciencia de 20 a 1000, proponiendo que los niveles de 700 a 1000 pertenecen a personas como Buda, Jesús y el poeta Kahlil Gibran, por nombrar sólo algunos de los muchos personajes históricos notables que podrían clasificarse en ese ámbito. Algunas personas conocidas que han vivido recientemente o aún viven, como la Madre Teresa, el Dalai Lama, Thich Nhat Hanh y Eckhart Tolle, podrían incluirse en esa lista. Los niveles más bajos del gráfico son para el resto de nosotros: aspirar a un grado de iluminación o al menos desarrollar la calma y la paz mental.

| | Nivel | Escala | Emoción | Proceso | Visión de la vida |
|---|---|---|---|---|---|
| **Poder** | Iluminación | 700-1000 | Inefabilidad | Conciencia pura | Existe |
| | Paz | 600 | Dicha | Iluminación | Perfecta |
| | Alegría | 540 | Serenidad | Transfiguración | Completa |
| | Amor | 500 | Reverencia | Revelación | Benigna |
| | Razón | 400 | Comprensión | Abstracción | Significativa |
| | Aceptación | 350 | Perdón | Trascendencia | Armoniosa |
| | Voluntad | 310 | Optimismo | Intención | Esperanzada |
| | Neutralidad | 250 | Confianza | Liberación | Satisfactoria |
| | Coraje | 200 | Afirmación | Empoderamiento | Factible |

**FIGURA 12.1.** Niveles de conciencia.

| | Nivel | Escala | Emoción | Proceso | Visión de la vida |
|---|---|---|---|---|---|
| **Fuerza** | Orgullo | 175 | Dignidad (Desprecio) | Inflación | Demandante |
| | Enfado | 150 | Odio | Agresión | Antagonista |
| | Deseo | 125 | Antojo | Esclavitud | Decepcionante |
| | Miedo | 100 | Ansiedad | Retiro | Aterradora |
| | Dolor | 75 | Lamento | Abatimiento | Trágica |
| | Apatía | 50 | Desesperación | Abdicación | Desesperanzada |
| | Remordimiento | 30 | Culpa | Destrucción | Condenación (Maldad) |
| | Vergüenza | 20 | Humillación | Eliminación | Miserable |

**FIGURA 12.1.** Niveles de conciencia (cont.).

Si miramos los niveles anteriores, está claro que uno necesita estar en el nivel 200 o superior para lograr la calma y la tranquilidad para desempeñarse bien como *trader*. Creo que muchos *traders* están alrededor del nivel 100. Si se opera desde un nivel de *miedo*, tu emoción es la *ansiedad*, tu proceso es el *retiro* y tu visión de la vida es *aterradora*. Con este nivel de conciencia, tu *trading* consistirá en emociones y acciones como tener miedo a comprar o sentirte ansioso si tienes una operación abierta. Además, en este nivel de conciencia la persona es incapaz de comprometerse con un método, y a veces entra en pánico y vende antes de tiempo. Experimenta su *trading* como increíblemente aterrador.

Si comparamos ese comportamiento reactivo con el nivel de conciencia de 250, que es sólo el 25 % del nivel máximo de 1000, ahora tenemos a un *trader* con un nivel neutral saludable: tiene confianza emocional, se libera en el proceso y encuentra la experiencia de operar *satisfactoria*.

La manera de elevar tu conciencia en la balanza es tener un estilo de vida saludable mediante la aplicación de los Cinco Preceptos, luego combinar ese estilo de vida con la meditación: el sistema de paz y beneficios del capítulo 10. Sabemos qué es el principio que predomina en nuestras decisiones cuando operamos en el mercado: las emociones. Observa cuidadosamente las emociones, los procesos y las visiones de la vida de la persona que vive en la sección de *Poder*. A esa persona le costará ser Zen en los mercados o en la vida misma.

Repito, mucho está correlacionado: sé Zen en la vida y serás Zen en tu *trading*.

En el capítulo 7, hemos hablado del poder de aceptación y de la modalidad psicológica del TAC. La *aceptación* está en el nivel 350 en la escala de conciencia. La *aceptación* es tener la capacidad de aceptar lo que es y luego comprometerse con un plan de terapia o cambio. El *trader* con ese poder (verdadero poder, no fuerza) es capaz de perdonar sus errores y los de los demás, trascender mentalmente el caos que el mercado produce con regularidad y trabajar desde un estado mental armonioso.

## IMAGINA

En 1971 John Lennon escribió la canción *Imagine*. La letra de la canción pide que las personas se desprendan de las posesiones materiales y de la ideología para crear un mundo en el que vivan en paz. Imagina cuánta calma y paz mental tendrías si pudieras rondar los niveles de 350 a 600. Imagina lo fácil que te resultaría operar con éxito y lo feliz que serías en tu vida. Personalmente, siento que oscilo entre los niveles de 100 a 600 dependiendo de lo que esté pasando en mi vida. Además, y esto es muy importante, el nivel desde el que opero depende de lo bien o mal que haya mantenido la disciplina de mi estilo de vida, a través de los Cinco Preceptos y la práctica regular de la meditación. Un repunte en la escala podría durar semanas o incluso meses. Estoy agradecido de decir que las caídas por debajo de 200, que normalmente duran unos momentos o quizá sólo uno o dos días, son menos. No obstante, suceden. Así como el mercado puede ser volátil, los maestros y los practicantes del Zen no son inmunes a la volatilidad emocional y los días bajos. En caso de que te lo preguntes, las veces que me siento en niveles de más de 700 es cuando estoy en meditación profunda, tal vez cuando participo en un retiro Zen o cuando visito un monasterio.

Sin embargo, no es necesario llegar a los extremos del estudio y la práctica del Zen como lo hice yo. Introduce los Cinco Preceptos y la meditación en tu vida a tu propio ritmo.

En la escala del Dr. Hawkins, notarás que hay ocho niveles de Poder y ocho niveles de Fuerza. Para aprovechar al máximo tu práctica del método de paz y beneficios, te sugiero que lo abordes con las cualidades establecidas en los niveles 200-250. Estos niveles te piden que tengas coraje y neutralidad, que liberes tus miedos y confíes en el proceso. Dichos niveles de conciencia pueden incrementarse sólo cuando dejamos de lado nuestras dudas y abrimos nuestras mentes a lo que puede ser posible.

## LOS NIVELES DE CONCIENCIA NO SON UNA IDEA NUEVA

El concepto de medir la conciencia fue explorado hace muchos años por los eruditos Zen. Un sacerdote Zen llamado Kukai (774-835 d. C.) escribió un libro impresionante titulado *Tratado sobre las diez etapas del desarrollo de la mente*. Kukai no sólo fue sacerdote y erudito Zen, sino también artista, ingeniero y constructor de presas. Era un hombre de muchos talentos y fundador de su propia secta del budismo Zen. Sin embargo, su tratado es considerado por muchos como su mayor obra. La siguiente lista es lo que Kukai consideraba como los niveles de conciencia: niveles que la mente desarrolla a medida que avanza hacia el logro de la comprensión final: la iluminación.

1. Instintos básicos: la etapa del animal humano, centrada principalmente en necesidades como la alimentación, la vivienda, el sexo y la seguridad física.
2. Moralidad: se adquiere conciencia sobre la moralidad.
3. Creencia en un poder superior: se cree y se confía en seres sobrenaturales. A menudo la creencia va acompañada por la expectativa de un cielo (o una vida mejor) más allá de este mundo, y así se obtiene alivio de las ansiedades mundanas presentes. Esta etapa se aplica a la mayoría de las religiones, pero no al Zen.

4. Ego y apego a la identidad: se es consciente del efecto del ego. Un despertar sobre el efecto del apego al ego sobre la propia personalidad y la de los demás.

5. Causa y efecto: se es consciente de que cualquier acción crea una reacción, obteniendo así una comprensión profunda de la causalidad.

6. Compasión: se desarrolla una compasión no discriminatoria por todos los seres.

7. Percepción: se comprende y se ilumina el hecho de que todos los pensamientos y sentimientos son sólo la percepción del individuo.

8. Unidad: se es consciente de que todo en la Tierra y en el universo, ya sea físico o no físico, está conectado. O como lo describió el famoso monje, el difunto Thich Nhat Hanh: todo está interconectado.

9. Vacío: se es consciente de que todos los pensamientos, sentimientos, percepciones, impulsos e incluso la conciencia son sólo conceptos, y que no existen. Les damos un sentido existencial. El vacío también se aplica a las cosas físicas porque todo, como la creación de un objeto físico, comienza con un pensamiento, un instinto o una causalidad.

10. Iluminación: se comprenden completamente las 9 etapas anteriores, especialmente los niveles 7, 8 y 9, y luego se puede incorporar esa comprensión a cada parte de la vida.

El Dr. Hawkins y Kukai (que vivió más de 1200 años antes) llegaron a conclusiones similares. La conciencia suprema se puede lograr simplemente convirtiéndose uno en una mejor persona. Podrías preguntar: «¿Qué tiene que ver todo eso con dominar el *trading*?». Mi respuesta es «Todo», ya que será extremadamente difícil para ti operar bien si permaneces en los niveles más bajos. Y como ya he mencionado con anterioridad, eso es cuando uno está por debajo del nivel 200 en la escala del Dr. Hawkins y en los cinco niveles inferiores de la escala de Kukai.

Considero estos niveles como estados mentales más que como niveles. Porque si somos capaces de eliminar todos los límites del pensamiento de nuestra conciencia, los niveles dejan de existir (esa declaración es el pensamiento del nivel siete al nueve). Con respecto a intentar asignarse un nivel fijo a uno mismo o asignárselo a otro, eso es casi imposible. Porque siempre estaremos subiendo y bajando la escala dependiendo de nuestras propias circunstancias y de las de las personas que nos rodean. Sin embargo, a medida que nuestra conciencia madura, también lo hace la capacidad de reconocer y cambiar nuestro estado mental, por lo que no quedamos atrapados en niveles menos útiles durante demasiado tiempo.

## MÁS DHARMA, MENOS DRAMA

Los cambios de estilo de vida que se te piden y el compromiso con la meditación no son parte de alguna disciplina o ritual Zen sádico. El propósito es que te des cuenta de cuánto te distraen tus hábitos de ganar conciencia. Los *traders* se distraen de actuar de manera disciplinada debido a la variedad que pueden ofrecer los mercados financieros. Hacemos algo muy similar durante nuestra vida diaria, nos distraemos con tentaciones seductoras, por ejemplo, diferentes formas de tecnología, sonidos, comida, alcohol, sexo, drogas, charlas, chismes, exceso de trabajo o ejercicio. Son métodos de evasión. Evitar mirar hacia adentro y contemplar. Evitar reflexiones a menudo incómodas, pero sin embargo valiosas. El lector observador habrá notado algo acerca de los Cinco Preceptos: no están diseñados para hacer la vida más difícil, sino más bien para hacerlo mucho más fácil, porque reducen las complicaciones que crean estrés en nuestras vidas. También están diseñados para facilitar la meditación. Una mente menos perturbada es producto de un estilo de vida más disciplinado. Esto crea una meditación menos turbulenta, y así genera más conciencia.

El abad del monasterio en el que viví durante dos años tenía un dicho favorito: «Más Dharma, menos drama».

Le encantaba tanto ese dicho que hizo que lo convirtieran en un adhesivo para el parachoques de su coche. La palabra «Dharma» significa «la enseñanza del budismo». Por lo tanto, podríamos traducir el significado de la pegatina del parachoques como: «Sigue el sistema de Buda para tener paz mental». Para continuar con la analogía del automóvil, piensa que los Preceptos son el vehículo que utilizas en el camino hacia el verdadero poder, y que la meditación es el combustible.

Un profesor de *trading* que enseñe métodos bien construidos puede elevar tu comprensión del proceso, provocando un momento ¡ajá! en cuanto a los mercados.

Un método bien construido para lograr la paz mental elevará tu nivel de conciencia. Un mayor nivel de conciencia creará un mayor nivel de calma y tranquilidad, y así mejorará tu capacidad para operar bien. Tu herramienta de medición será simplemente cómo piensas y sientes. El nivel 350 produce una visión de vida de armonía. En ese nivel, comenzarás a sentirte más en sintonía con el *trading* y con la vida. Tus niveles de estrés se reducirán y comenzarás a ver oportunidades que antes no eras incapaz de identificar, o que ni siquiera creías que fueran posibles.

Incorporar el Zen al *trading* no es un sistema de operar matemático genial (combinado con un poder secreto) transmitido por un maestro anciano que vive en la cima de una montaña en Japón. Es un sistema simple de vivir una vida saludable lo mejor que puedas y luego combinarlo con la meditación.

Los buenos *traders* adoptan sistemas simples: simplicidad y disciplina. Ésa es la clave del éxito y de los beneficios.

Los maestros Zen adoptan sistemas simples: simplicidad y disciplina. Ésta es la clave para la calma y la paz mental.

Entonces, para ser aspirantes a *traders*, debemos ser aspirantes a seres humanos. Es un círculo completo que debemos recorrer siempre.

## Historia personal del *trading* de Pete

Cuando comencé a operar a mediados de la década de 1990, asistía a reuniones en clubes y asociaciones de *trading*. También participé en varios cursos de *trading*. Los asistentes a estas reuniones y cursos se mezclaban durante los descansos. Me fijé en una pregunta que se hacían a menudo: «¿Estás en el mercado?». Muchas de estas personas habían estudiado los mercados y operado durante años, pero no parecían estar más cerca de realizar su sueño de convertirse en un *trader* o en un inversor competente. De hecho, muchos se habían quedado lejos de serlo. Buscaba entre los asistentes más experimentados con la esperanza de encontrar a un maestro. Nadie parecía capaz de darme un proceso o respuestas definitivas a mis preguntas sobre qué hacer. No parecían estar seguros de lo que hacían, o decían que en ese momento no estaban en el mercado y que no podían ayudarme. Detecté un cierto nivel de evasión y tal vez de vergüenza. Parecía que estaban atrapados en un nivel de miedo. Quizás algunos se esforzaban por impartir su conocimiento a otros.

A menudo salía de estas reuniones sintiéndome frustrado y confundido, y reflexionaba sobre la estadística de que sólo alrededor del 5 al 10% de los *traders* tenían éxito. También reflexionaba sobre mi formación como pintor con aerosoles y luego sobre mis años de enseñanza de ese mismo oficio en la universidad. Había un proceso que había aprendido y ahora un proceso que enseñaba. No había una actitud de «a veces pinto, a veces no». Me preguntaba si la solución era lo contrario de lo que hacen la mayoría de los *traders*. Quizá la solución era estar en el mercado la mayor parte del tiempo y tener procesos a seguir. Procesos de método y mente.

El maestro budista Rinpoche Trungpa dijo una vez: «Si no sabes nada sobre el budismo, es mejor que no empieces. Sin embargo, una vez que hayas comenzado, ¡es mejor que no pares!». Creo que la misma filosofía se aplica al *trading*.

## Una historia de Taishin Shodo

En mi camino hacia el sacerdocio, tuve muchas dudas sobre el poder de la meditación. El análisis, la teoría y la disciplina estaban bien. Sin embargo, ¿podría abrazar lo desconocido para permitir un posible beneficio transformador? Esa teoría no encajaba tan bien en mi mente, que estaba apegada a la lógica. Animado por un amigo, asistí a un retiro de meditación facilitado por una maestra de la meditación que había completado una amplia capacitación y afirmaba tener habilidades extraordinarias, incluida la capacidad de transformar el pensamiento y elevar la conciencia en una sola reunión. «¡Menuda tontería!», pensé. Sin embargo, a pesar de mis dudas, decidí continuar con la reunión. En mi camino al evento, me di cuenta de mi pensamiento crítico. Decidí que no estaría de más dejar de lado mis dudas y participar lo mejor que pudiera. No aceptaría ni rechazaría mis dudas, sino que me mantendría neutral (nivel 250). Al llegar, me invitaron a hacer una meditación con los ojos abiertos con la maestra. Fue una experiencia transformadora por decir lo menos. Había leído libros y escuchado historias sobre tales experiencias y, como he dicho, dudaba de que tales cosas fueran posibles.

Lo que sucedió después fue esto: mientras nos mirábamos, se formó un túnel entre nosotros. Lo mejor que podría describir sería un túnel de luz, o tal vez de energía. Parecía como si se hubiera formado una conexión definitiva entre nosotros y que un segundo ella lo supiera todo sobre mí. Me sentí emocionalmente desnudo y totalmente expuesto. Mi máscara de personalidad se había caído y no podía ocultar nada de mí. Recuerdo cerrar los ojos, sacudir la cabeza, mirar a mi alrededor en un intento de probar o romper lo que fuera, pero cada vez que volvía a mirarla, estaba allí. Un conocimiento indescriptible, conexión, paz, aceptación, incluso amor. La experiencia pareció durar poco tiempo, tal vez sólo unos minutos. Podría haber sido mucho más larga, pero el tiempo no importaba, fue la calidad de la experiencia lo que importó de verdad.

Muchos años después (y ahora con más experiencia), entiendo lo que pasó. Cuando nuestras mentes se separan por completo (ya sea a través de nuestra propia habilidad o con la ayuda de otro) de nuestro sentido del yo (ego) autoimpuesto, lo que queda es la máxima paz y conciencia. Éste es el verdadero poder al que se accede a través de la meditación. Y todos tenemos ese poder.

## UN DIBUJO ZEN

El símbolo caligráfico Zen del *Enzo*: el momento en que la mente se libera para dejar que el cuerpo/espíritu cree.

## RESUMEN DEL CAPÍTULO

- Los resultados del *trading* y el desarrollo Zen no se pueden forzar.
- El verdadero poder proviene de la implementación de los Cinco Preceptos y de la meditación.
- Más Dharma Zen equivale a menos dramatismo en tu *trading* y en tu vida.
- Aumentar tu conciencia aumentará la calma y la paz mental.

# 13

# La identidad, el yo y el ego

Si has leído otros libros sobre *trading*, estoy seguro de que te has topado con la afirmación de que el ego es un gran problema para los *traders*. Según el *Oxford English Dictionary*, la palabra ego significa «autoestima», «autoimportancia», «respeto por uno mismo», «imagen de uno mismo» y «confianza en uno mismo».

¡Hay mucho de uno mismo entre esas referencias!

Obtenido de mi experiencia personal de 26 años de operar en *trading* junto con más de 30 años de meditar y luego de entrenar en el Zen, creo que la mente negocia entre el consciente y el inconsciente. Tu percepción de la realidad se produce entonces a partir de esta parte negociadora de la mente. Al realizar esa función, la mente establece un sentido de identidad personal.

## EL ZEN TE PIDE QUE RECONSIDERES QUÉ SIGNIFICA «IDENTIDAD»

Visto lo anterior, parecería que el ego trata del yo y de la propia identidad.

*¿Y si te dijera que tu idea de ti mismo y tu concepto de identidad pueden ser falsos?*

Éste es un concepto que me gustaría que considerases. Desde la perspectiva Zen, no tienes un yo o una identidad, al menos no como puedes percibirlo. Ésa es una declaración chocante para aquellos de nosotros que nos hemos criado en una sociedad occidental moderna: una sociedad extremadamente enfocada en quién eres, qué haces y qué posesiones tienes, creando así la formación de una identidad. Una identidad a la que probablemente estés muy apegado.

Quizás, a estas alturas, comprendas una enseñanza Zen fundamental: tu concepto de la realidad está en tu mente y en cómo piensas. El principio Zen del yo y la identidad es el mismo: es sólo una percepción de tu mente. En nuestra sociedad, muchos están habituados a hacerlo bien. Esto equivale a tener un trabajo bien remunerado, ser dueño de una casa impresionante, conducir un automóvil último modelo, estar con una pareja atractiva, disfrutar de viajes regularmente y tener muchas otras posesiones para mantenerse entretenidos, todo para brindar una sensación de satisfacción. Cuando nos relacionamos socialmente con personas por primera vez, a menudo surge la pregunta (particularmente en los hombres): «¿A qué trabajo te dedicas?». En la ciudad de Sídney, donde trabajo con frecuencia, una pregunta común es: «¿Dónde vives?», porque ahora es importante para los demás (que evalúan nuestras identidades y emiten juicios de valor sobre nuestro estatus social) no sólo cuál es tu carrera, sino también en qué barrio vives o a qué escuela asisten tus hijos.

No suelo decirles a extraños lo que hago para ganarme la vida. Sé que harán suposiciones, lo que a veces crea malestar o necesita de más explicaciones. ¡La respuesta, «Trabajo en finanzas», normalmente acaba con la conversación! Las conversaciones rara vez comienzan con preguntas más conmovedoras, como «¿Qué haces además del trabajo?», o «¿Tus padres e hijos están bien?», o «¿Has visto una gran película o programa últimamente?». Por lo general, el enfoque para relacionarse con otro es establecer una identidad y asegurar el concepto de uno mismo. En el mejor de los casos, las preguntas de sondeo basadas en la identidad y el ego pueden ser un mal comienzo de conversación. En el peor de los casos, pueden crear una sensación de separación y arrogancia, que son exactamente las cualidades opuestas que necesitas para ser un *trader*: la humildad es más beneficiosa que el ego.

Desde una perspectiva Zen, centrarse en tu concepto de ti mismo y en tu identidad no producirá calma ni paz mental. Necesitamos dejar de lado el concepto restrictivo de que nuestra identidad está ligada a lo que hacemos, a dónde vivimos y a cuánto dinero ganamos. Si casamos nuestro desempeño en el *trading* con nuestra identidad, seremos felices cuando ganemos, pero nos deprimiremos cuando perdamos. Por ejemplo, cuando escuches que tu amigo ha sufrido grandes pérdidas en el *trading*, puedes sentir algo de lástima por él, pero en realidad no te molestará porque sus pérdidas no son tu problema. Esto se debe a que sus pérdidas no desafían tu sentido de ti mismo y tu identidad. Sin embargo, tus propias pérdidas probablemente te desafiarían mucho, una señal de que tu ego está muy apegado a los resultados deseados.

## UN FUERTE APEGO A UN CONCEPTO DE IDENTIDAD HACE MÁS DIFÍCIL ACEPTAR LAS PÉRDIDAS

Eliminar tu ego e identidad de tu *trading* tiene un objetivo. Cuando operas y pierdes, tu nivel de apego al resultado no deseado debe ser similar a los pensamientos que tenías sobre tu amigo. Necesitas desarrollar la misma mentalidad del tipo «no es mi problema» cuando pierdes tu propio dinero. El *trader* necesita desmantelar la asociación de la autoestima con la cantidad de dinero que gana o que pierde.

La filosofía Zen es ésta: la mente quiere preservar cualquier concepto de identidad que tenga sobre sí misma. Lo hace aferrándose al concepto de la identidad que ya tiene, o bien aferrándose a una identidad alternativa que cree que podría ser mejor. Este apego a la identidad es a lo que los líderes espirituales como el Dalai Lama se refieren cuando dicen que el sufrimiento es causado por la «ignorancia de la autoaprehensión». La autoaprehensión significa que no estás dispuesto a dejar ir la identidad o el ego que tanto aprecias. El Dalai Lama no dice que seas una persona ignorante, sino que eres ignorante respecto a los trucos que la mente está realizando, y de ese modo te prepara para el fracaso porque estás demasiado apegado a tu sentido de identidad y de ti mismo.

El Zen no dice que no debas tener metas o aspiraciones. El Zen quiere que te autorrealices. El Zen te alerta sobre el hecho de que es el apego a tu concepto de quién eres lo que crea fricción y, por lo tanto, sufrimiento en tu mente.

El psicólogo estadounidense Abraham Maslow desarrolló la famosa pirámide de las necesidades humanas. Nombró la autorrealización como el nivel más alto. El nivel inferior contiene necesidades básicas como la seguridad y la supervivencia. Los niveles medio a superior incluyen pertenencia y autoestima, que se logran a través del prestigio y los sentimientos de logro. Muchos occidentales (y ahora también orientales) han sido educados para creer que el pináculo del logro es un fuerte sentido de identidad obtenido del éxito material o notable. No es de extrañar que nos cueste un gran esfuerzo operar en *trading*, un pasatiempo que a menudo puede crear el desafío de una pérdida inesperada, lo que resulta en sentimientos de fracaso.

## LA INTELIGENCIA POR SÍ SOLA NO TE MANTENDRÁ EN EL ZEN

El *trading* atrae a personas inteligentes y de éxito. Estas personas se han abierto camino en la vida participando en un determinado juego. Ese juego las recompensa por ser inteligentes y trabajadoras, por aprender lo que está bien y lo que está mal y luego aplicarlo a su profesión. A menudo, el ego y un fuerte sentido de la identidad, junto con la autoestima y la confianza en uno mismo, funcionan bien. De hecho, estas mismas cualidades son necesidades en muchas profesiones. Desafortunadamente, todo eso no funciona en el *trading*. Puedes ser una persona muy inteligente, segura de ti misma, trabajadora y fallar fácilmente en el *trading*. Por el contrario, si puedes separar tu mente de tu ego/identidad/yo, no necesitas ser académicamente inteligente para hacerlo muy bien. Si has trabajado con ahínco para comprender tu ego y desprenderte de lo que puede ser un sentido de identidad poco saludable, felicidades, ¡estás en camino de convertirte en un *trader* experto!

Aquí hay algunas notas adhesivas que tengo sobre la pantalla de mi ordenador para recordarme que debo ser consciente del ego:

- Las personas inteligentes pierden porque les manda el ego.
- Los *traders* expertos pierden a veces.

- Los *traders* expertos no se toman las pérdidas como algo personal.
- Yo, emocionalmente, acepto las pérdidas.
- Los *traders* expertos abandonan la necesidad de ganar.
- No necesito una gratificación instantánea.
- No necesito una gratificación externa para el valor interno.
- En el *trading*, a veces, no se trata de desarrollar un método mejor, sino de desarrollar una mente mejor.
- Los *traders* apegados emocionalmente crean oportunidades para los *traders* tranquilos.
- Lo más importante que necesitas es calma y tranquilidad.

Tengo muchos más recordatorios de este tipo entre mis notas, pero éstos resuenan más conmigo. Desapegarse, aceptar y soltar son algunas de las cualidades más difíciles de lograr, no sólo como *trader* sino también como persona. Por eso he enfatizado en capítulos anteriores que es necesario trabajar tanto en la persona como en el método de *trading*.

Sé que algunos de vosotros todavía no estaréis convencidos, así que en el siguiente capítulo mostraré cómo se puede poner esto en práctica.

## Historia personal del *trading* de Pete

Después de un matrimonio fallido a edad temprana, experimenté mi primer episodio de depresión a los 26 años. Mi médico de cabecera me sugirió que asistiera a un curso de asertividad en mi hospital local, facilitado por profesionales de la salud (ese curso fue seguido por uno de comunicación personal). Algo extraño y un poco profundo sucedió durante el primer curso. La mayor parte del contenido que se enseñaba era sobre la autoestima, la importancia y la valía personal, el respeto por uno mismo, la propia imagen y la confianza en uno mismo. Había una gran cantidad de enfoque en hacer y ser lo que querías. Corría el año 1986 y la palabra de moda de la década era «individualidad». Un hombre de familia de unos 40 años se opuso al contenido del curso, diciendo que estaba demasiado centrado en uno mismo. «La vida no se trata sólo de mí», dijo. Después de un período de discusión con los profesores, decidió abandonar el curso para no volver jamás, y se fue de allí sacudiendo la cabeza con desaprobación. La mayoría de los asistentes al curso pensaron que estaba equivocado, frustrado, tal vez enojado y simplemente equivocado. Yo me pregunté si tenía razón. Incluso a mi corta edad, había notado una tendencia entre la humanidad. A pesar de nuestros privilegios occidentales, muchos de nosotros no éramos felices y a menudo nos confundíamos. Los librepensadores como él eran raros. Quizá conocía su verdadero yo.

## PROVERBIO ZEN

Un joven monje se acercó al maestro y le dijo: «Maestro, me encuentro en un estado de profunda paz y constante de ecuanimidad. Ahora me doy cuenta de que todas mis aflicciones mentales, el dolor y el sufrimiento no son realidad, sino que sólo están en mi mente».

Después de escuchar eso, el maestro usó su bastón para golpear repetidamente al monje en la frente.

El joven reaccionó y exclamó: «¿Por qué has hecho eso?».

El maestro replicó: «¿Decías?».

## RESUMEN DEL CAPÍTULO

- El Zen te pide que reconsideres lo que significa «identidad».
- El apego al ego/identidad/yo hace que te resulte más difícil aceptar las pérdidas.
- La inteligencia no te ayudará a desapegarte; de hecho, puede obstaculizarte.

# 14

# Quiero dinero, no Zen

Hace muchos años, cuando comencé a impartir cursos de *trading*, al final de mis presentaciones les pedía a los asistentes que completaran hojas de comentarios. En una de esas hojas recibí el siguiente: «Sólo enséñanos cómo ganar dinero, nada de psicología». Sólo unos meses antes de que omenzara a escribir este libro, dicté un seminario de un día seguido de mi habitual sesión de revisión de preguntas y respuestas al final. Pregunté a los asistentes si querían hablar sobre Zen o psicología del *trading*, o si querían explorar métodos de *trading* más técnicos. La segunda opción fue la abrumadora respuesta.

Si reflexionamos sobre la estadística de que sólo entre el 5 % y el 10 % de los *traders* tienen éxito, ¿qué tema crees que hubiera sido más beneficioso? Sé por experiencia que muchos lectores tendrán sus dudas sobre lo importante que es incluir la psicología en sus operaciones, particularmente la psicología del *trading* desde una perspectiva Zen.

Quizá tengas dudas sobre el valor del razonamiento Zen. Seguramente la forma de beneficiarse del mercado es tener un sistema superior, o saber algo que otros no saben. Tal vez la clave de las ganancias sea un sistema que opere más a menudo, para producir más oportunidades. Tal vez un sistema automatizado sea la respuesta, uno que puedas configurar y olvidar y simplemente ver cómo las ganancias fluyen hacia tu cuenta.

¿Alguna vez has pensado en considerar qué emociones y apegos influyen en tu manera de pensar?

¿O has considerado las emociones y los apegos del desarrollador del sistema de *trading*? ¿Otra persona que está creando el sistema que crees que quieres, el sistema que crees que generará dinero fácil y frecuente?

¿Has considerado lo que implica, práctica y emocionalmente operar con un sistema de *trading* más dinámico, agresivo y frecuente?

## UN SISTEMA DIARIO PARA EL NASDAQ

Veamos un método de *trading*, un sistema de *trading* de ganancias, para explorar las posibilidades y ver si podemos encontrar algo de claridad para esas preguntas de la sección anterior.

El sistema que expongo a continuación está en un nivel intermedio avanzado. Para seguir los conceptos, te ayudará tener conocimiento de los parámetros técnicos del *trading*. Para duplicar las reglas y ejecutar tus propios escaneos y pruebas, necesitarás un *software* de prueba retrospectiva. Aumento el nivel técnico a propósito porque pasar a un sistema más dinámico requiere que el *trader* tenga más experiencia. Sin esa experiencia, es muy probable que el *trader* no tenga éxito. El siguiente sistema está diseñado como un generador de ingresos. Produce un poco más de una operación a la semana y tiene un promedio de rendimiento del 4,1 % al mes.

Primero veamos los detalles y luego hablemos de los pros y los contras:

- Acciones para operar: el Nasdaq 100 es el sector en el que opera el sistema.
- Capital inicial: 100 000 dólares.
- Tamaño de la posición: 20 000 dólares por operación cada vez.
- Tener un máximo de cinco operaciones solamente en cualquier momento.
- No reinvertir las ganancias en capital compuesto. El capital de *trading* y el tamaño de la operación permanecen constantes.

## REGLAS DE COMPRA DEL SISTEMA «QUIERO DINERO»

- Comprueba que el precio de cierre del índice Nasdaq 100 está por encima de su media móvil exponencial (EMA, en su sigla en inglés) de 13 días.

- Si el precio de cierre del índice Nasdaq 100 está por debajo de su EMA de 13 días, no continúes con el siguiente paso.
- Si el precio de cierre del índice Nasdaq 100 está por encima de su EMA de 13 días, continúa con el siguiente paso, que es:
- Compra el precio de apertura al día siguiente si:

1. El precio de cierre de la acción es el más alto en 20 días; y...
2. El precio de las acciones es un 8% más alto que hace 20 días (por lo que las acciones están aumentando a una tasa anualizada del 100%); y...
3. El indicador *on balance volume* (OBV) es más alto que hace cinco días.

## REGLAS DE SELECCIÓN Y TAMAÑO DE LA OPERACIÓN

Si hay más señales de compra que capital para comprar, da preferencia a las acciones de menor precio.

Por ejemplo, el sistema divide tu capital en cinco lotes, compra 20 000 dólares utilizando un capital de 100 000 dólares. Si te encontraras en una situación hipotética en la que el sistema tuviera tres transacciones por un valor de 60 000 dólares, te quedarían 40 000 dólares para comprar.

El sistema puede generar tres señales de compra en el mismo día, entonces, ¿cómo eliges cuáles comprar? Tienes suficiente capital para comprar sólo en dos operaciones, pero se dan tres señales. La respuesta es comprar las dos acciones que tienen el precio más bajo, ignorando la tercera acción que señaló el sistema.

Las tres operaciones señaladas pueden tener precios de 79, 129 y 327 dólares. En este caso comprarías las acciones de 79 y 129 dólares, dejando de lado la acción de 327 dólares.

Otro caso puede ser: tienes un capital libre restante de sólo 20 000 dólares ya que el sistema ya está realizando otras cuatro operaciones: tu capital permite un máximo de cinco operaciones. Esta vez tendrías suficiente capital para comprar sólo una acción más y ésa sería la que tuviera el precio más bajo, a 79 dólares.

Hay dos razones por las que el sistema tiene esta regla de favorecer la acción de menor precio:

1. Saber qué acciones comprar, debido a una regla establecida, elimina todo sesgo del proceso de toma de decisiones y, es evidente, simplifica el proceso de decisión. Sin embargo, tiene un beneficio adicional. En una fecha posterior, al revisar el desempeño del sistema, la evaluación es más sencilla porque no ha habido discrecionalidad en el proceso de compra.
2. La otra razón es la probabilidad matemática. Las pruebas retroactivas muestran que las acciones de menor precio se aprecian a un ritmo más rápido que las de mayor precio. Utilizando esta regla en nuestro método de selección, estamos agregando una regla de impulso al sistema y comprando acciones que tienen una mayor probabilidad de apreciarse con rapidez, maximizando el uso de nuestro capital.

## REGLAS DE VENTA DEL SISTEMA «QUIERO DINERO»

La acción se vende si el precio cae a un tope dinámico de 2,5 de su rango verdadero promedio (ATR, en su sigla en inglés). El ATR se calcula sobre un período de 20 días.

El ATR es una manera de medir la volatilidad del precio de las acciones. En este caso, se calcula la volatilidad de la acción durante los 20 días anteriores y luego se multiplica por 2,5, lo que proporciona el nivel de parada de venta final.

Este método de utilizar un nivel de parada de venta del ATR dinámico ayuda al *trader* a tener una orden en el mercado que está activa en todo momento, denominada «orden de venta condicional».

Una orden condicional es una orden preestablecida. Si se alcanza el precio de venta designado, se vende la acción.

## RESULTADOS DE ESTOS DOS AÑOS
## (11 DE MAYO DE 2019 – 11 DE MAYO DE 2021)

- Tasa de beneficios: 52,5 %.
- Beneficio promedio ganado: 11,1 %.
- Pérdida promedio: 4,48 %.
- Ratio de pago: 2,7: con una tasa de ganancia del 52,5 %, cada operación tiene un promedio de beneficio 2,7 veces mayor que de pérdida.
- Número total de operaciones ejecutadas: 118.
- Retiro máximo del capital de los sistemas: 8,9 %.
- Retorno total del capital durante la campaña de *trading*: 99%: el capital no se capitalizó ni reinvirtió.

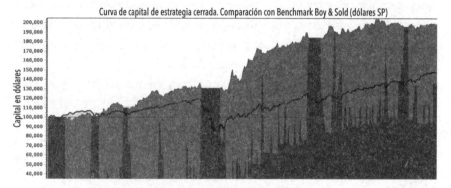

**FIGURA 14.1.** Sistema «Quiero Dinero».
Fuente: wealth-lab.com

La figura 14.1 muestra la curva de ganancia creciente.

Las áreas sombreadas oscuras representan el capital. Éste también tiene una curva de ganancias creciente, ya que los beneficios se acumulan y no se reinvierten ni se capitalizan.

La única línea en medio del gráfico representa una inversión alternativa, por lo que podemos comparar el rendimiento de los sistemas. Muestra el resultado de una estrategia de comprar y mantener si se hubiera comprado el índice S&P 500. Ese resultado obtuvo un rendimiento del 47,9 % en comparación con el sistema que tuvo un retorno del 99 %.

Vale la pena señalar que para lograr el rendimiento de comprar y mantener del 47,9 %, se habría requerido que el *trader* mantuviera y no vendiera el índice S&P 500 durante la importante reducción en abril de 2020. Esto es a pesar del hecho de que esta operación de referencia fue casi un 20 % por debajo del capital inicial y un 35 % por debajo de su máximo reciente. Ésta es una consideración importante: los *traders* deben preguntarse si tienen la capacidad de recuperación psicológica para mantener una operación de este tipo y no vender durante un momento extremadamente difícil.

De manera alternativa, el sistema salió rápidamente de todas las posiciones durante el colapso de la COVID como lo ha hecho en otros retrocesos rápidos del mercado. El sistema está diseñado para salir con rapidez, ya que no sabe cuán pronunciadas pueden ser las caídas. Hablaremos más con mayor detalle de este problema en un capítulo posterior: para esto también el Zen tiene una respuesta.

Aquí hay algunos gráficos que muestran ejemplos de *trading*, para mostrar las reglas del sistema en acción.

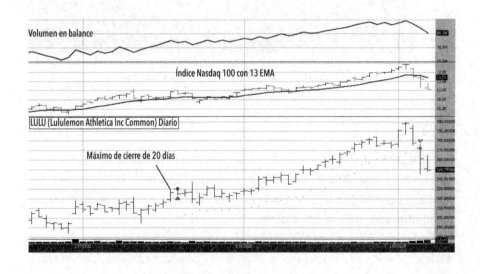

**FIGURA 14.2.** LULU (1).

Fuente: wealth-lab.com

El gráfico de cotizaciones de la figura 14.2 muestra cómo funciona el método. Muestra tres gráficos en uno:

- El gráfico superior es el volumen en balance (OBV, en su sigla en inglés).
- El gráfico central es el índice Nasdaq 100 (símbolo del índice: NQ).
- El gráfico inferior es la acción del precio de las acciones.

Recuerda que nuestra primera regla es verificar el Nasdaq 100 y ver si el precio de cierre está por encima del 13 EMA antes de continuar. A continuación, verificamos si el precio de las acciones ha alcanzado un máximo de cierre de 20 días.

También se comprueba la apreciación del precio de las acciones. El precio de cierre de la acción debe estar un 8 % por encima del precio de cierre de hace 20 días. Si no tienes un ordenador que haga esto por ti, entonces necesitarás hacer los cálculos de manera manual.

A continuación, queremos ver el volumen que ingresa al *stock*, por lo que el OBV debe ser más alto que hace cinco días. De nuevo, se puede hacer un cálculo manual. Sin embargo, es mucho más fácil de ver colocando el indicador OBV en el gráfico.

Por último (pero ciertamente no menos importante) observa los puntos en el gráfico que siguen el precio de las acciones después de la entrada. Como ya se ha hablado anteriormente, ésta es una orden condicional colocada en el mercado. Si el precio cae a ese precio nominal, la acción se vende con una ganancia o una pérdida. Al igual que con la mayoría de las paradas dinámicas, el precio de salida nunca se reduce, sino que se mantiene lateral o sube junto con el precio en aumento.

El precio de entrada se muestra con un punto emparejado con una flecha hacia arriba (ya que el sistema compra acciones en alza) y el precio de venta con un punto emparejado con una flecha hacia abajo (se vende a medida que baja el precio). La operación que se muestra en el gráfico anterior fue una operación ganadora, lo que resultó en unos beneficios del 12,7 %.

Sin embargo, las dos operaciones que se muestran en el siguiente gráfico, que siguen las mismas reglas de compra, sufrieron pérdidas. Las dos entradas en el gráfico cumplieron con todas las reglas del sistema; entonces el precio cayó poco después de la compra. El precio de las acciones alcanza la parada dinámica ATR, la señal de la red de seguridad para vender. Esta vez la estrategia falla, por lo que vende para preservar el capital.

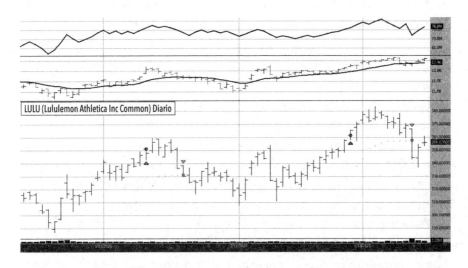

**FIGURA 14.3.** LULU (2).
Fuente: wealth-lab.com

Así que aquí tienes un método de *trading* que te da el control.

El sistema compra acciones que están en fuertes tendencias alcistas; se vende cuando el impulso se desvanece y las acciones comienzan a caer. Si el método falla y el precio de las acciones cae antes de obtener una ganancia, la parada dinámica (basada en una medición de volatilidad usando ATR) te saca de la operación para preservar el capital.

Tienes un máximo de cinco operaciones en la cartera a la vez, a veces menos. Tener un máximo de sólo cinco posiciones abiertas a la vez hace que sea una cartera fácil de administrar. El número de operaciones abiertas en tu cartera dependerá de los movimientos generales del mercado en ese momento. Si el índice no tiene una tendencia fuerte, es posible que no tengas abierto el máximo de cinco operaciones.

Las operaciones del sistema se pueden convertir en más rentables con técnicas avanzadas de dimensionamiento de posiciones. He evitado incluirlas, ya que a las mentes de los principiantes les puede resultar muy dificultoso lidiar con demasiada información. La alternativa al dimensionamiento de posiciones avanzado es simplemente utilizar tamaños de operación más grandes, lo cual es posible en un índice como el Nasdaq 100, donde la liquidez es enorme.

Algunos *traders* pueden pensar que este sistema es la mejor idea desde el pan rebanado y no pueden esperar para obtener un trozo. Los *traders* o lectores más avanzados, tal vez aquellos con experiencia en matemáticas o informática, están pensando: «Vamos a modificarlo para obtener una porción más grande». Como sabemos, es nuestro pensamiento lo que hace el mercado.

Quizás ahora, también pienses, «¡Eso está mejor! Esto es lo que quiero: un sistema técnico que funcione con una lógica clara. Sabía que nos estabas frenando. ¡No se requiere un razonamiento Zen en plan abracadabra!».

Ya he avisado antes que hablaríamos de los pros y los contras de un método como éste. Esas consideraciones se encuentran en el siguiente capítulo.

## Historia personal del *trading* de Pete

Del año 2012 al 2014, viví en un monasterio en el que estudié budismo. Al mismo tiempo, continué con mis operaciones y también impartí clases de *trading*. Me acerqué a los monjes con la idea de presentar un curso de *trading* en la sala de conferencias, donándoles un generoso porcentaje de las ganancias. Ellos estuvieron de acuerdo.

Para consternación de mi entonces asesor financiero, decidí establecer la tarifa del curso mediante una donación. Él pensó que yo estaba loco y le preocupaba que recibiera poco en pago por mis esfuerzos. No estuve de acuerdo y seguí en mis trece, y acepté su desafío de una apuesta sobre quién tendría la razón.

«El *trading* requiere de la toma de decisiones», les dije a los asistentes al curso. «Una de vuestras grandes decisiones (y lecciones) de hoy es decidir cuánto valemos el contenido del curso y yo. Por favor, haced vuestras donaciones y dejadlas en la mesa del final de la sala en un sobre sellado y anónimo.

La cantidad recibida fue cuatro veces la estimación de mi asesor financiero. Los monjes estaban agradecidos, y yo estaba contento, pero mi asesor no. Su apuesta perdedora pagó a mis ayudantes aquel día.

## PROVERBIO ZEN

Donde hay una gran duda, habrá un gran despertar. Pequeña duda, pequeño despertar. Sin duda, sin despertar.

## RESUMEN DEL CAPÍTULO

- Comprender bien la psicología del *trading* tiene mucho mérito: es aconsejable estudiarla.
- Antes de elegir un sistema para operar, considera los motivos que hay detrás de tus decisiones.
- Antes de aplicar un sistema al mercado, entiéndelo muy bien: el diablo siempre estará en los detalles.

15

# Tu agenda necesaria para ganar dinero

En cualquier profesión desafiante, cosas como la organización, los horarios y la rutina son muy importantes. Reducen la tensión en la memoria de trabajo y crean una estructura en un entorno que a veces puede ser caótico. Considera profesiones que operan regularmente en entornos caóticos, como bombero, conductor de ambulancia, oficial de policía o soldado de escuadrón militar de élite. Todas estas profesiones tienen estructuras y sistemas para implementar en tiempos de incertidumbre e imprevisibilidad.

El Sistema «Quiero dinero» del capítulo anterior opera en un horario diario. Deberás tener las siguientes habilidades, equipo, disciplina y rutina para garantizar que sigas las reglas y ejecutes operaciones sin problemas:

- Un ordenador con un buen programa de modelo predictivo basado en datos históricos y programas de *software* de *trading*.
- La capacidad de programar y operar el *software* aplicable.
- Acceso a un *feed* de datos de calidad.
- Acceso a Internet fiable (con respaldo) para operar en plataformas de *trading* y poder actualizar los datos diariamente.
- Ejecutar exploraciones diarias con tu programa de *software* para verificar señales de compra y venta.

- Ajustar las paradas dinámicas de ATR diariamente para cada operación que tengas abierta.
- Aceptar señales de compra inmediatamente cuando son generadas por el sistema.
- Monitorizar de cerca todas las señales de venta cuando sean generadas por el sistema.
- Registrar los resultados de tu operación en una hoja de cálculo (o similar) para una revisión posterior del desempeño del sistema.
- Registrar la competencia de tus operaciones en tu diario de *trading* para su posterior revisión.
- Crear suficiente tiempo todos los días antes de que abra el mercado para ejecutar tus escaneos, mover paradas y realizar compras o ventas.

## MANTENER LA DISCIPLINA Y LA PAZ MENTAL

También deberás tener un lugar tranquilo, sin distracciones, o desarrollar la capacidad de concentrarte y realizar bien las tareas a pesar del ruido o la distracción del entorno.

Antes de encender el ordenador y abrir los programas para que se pongan en funcionamiento, date tiempo para ordenar tus pensamientos y emociones. Habrá días en que una operación en particular te parezca aterradora y no tendrás ganas de comprar. También habrá días en los que el mercado estará boyante y no tendrás ganas de vender si los precios de las acciones están a punto de detenerse en las ganancias. Puedes decirte a ti mismo: «No tiene sentido», y mover tus paradas dinámicas, ignorando las reglas.

Tal vez te sientas tentado a aferrarte a una operación en caída en un intento de evitar la parada y sufras una pérdida. Puedes esperar un repunte, desviándote de nuevo de las reglas y cayendo en el pensamiento discrecional. El pensamiento discrecional puede formar parte de las reglas de otro método. Sin embargo, si te has comprometido con un sistema mecánico, es mejor apegarte a él y luego revisar su desempeño más adelante.

Este sistema en el Nasdaq genera alrededor de 60 operaciones al año, de 252 días de negociación por año. Debes tener cuidado de no perder operaciones, ya que la que se pierda podría ser una gran ganadora. Si te olvidas de las grandes ganadoras, destruirás las estadísticas de expectativas positivas del sistema.

Tienes que estar concentrado los 252 días.

## MÁS OPCIONES

Aunque es rentable, este sistema no te hará ganar mucho dinero a menos que utilices métodos avanzados de dimensionamiento de operaciones, operes posiciones muy grandes u operes el sistema en múltiples índices con una velocidad similar a la del Nasdaq.

Si eres un *trader* a tiempo completo, podría ser un buen sistema para acompañar a otros métodos. Por ejemplo, el sistema puede añadirse a otros dos métodos para ofrecerte tres sistemas negociables. Esos tres métodos utilizarían diferentes estrategias para aprovechar las distintas condiciones del mercado. Si tuvieras tres sistemas y cada uno produjera 60 operaciones al año, eso daría un total de 180 operaciones anuales (un promedio de 3,5 operaciones por semana). Una amalgama de estrategias garantizaría que obtuvieras señales de *trading* regulares. Teóricamente, más operaciones significan más ganancias, ya que la frecuencia de las operaciones crea más oportunidades. Por supuesto, debes tener sistemas ganadores, y debes estar aún más concentrado si eliges operar con múltiples sistemas.

Puedes pensar que una opción sería automatizar el sistema o los sistemas, para que las operaciones sean más fluidas y eliminar, o al menos reducir, los desafíos emocionales. Sin embargo, aún necesitarás monitorizar los sistemas. He operado con sistemas automatizados y aun así requieren monitorización. A veces, las operaciones sólo se completan parcialmente, lo que significa que no puedes comprar o vender tu orden completa debido a la baja liquidez frente a tu precio designado. Esa situación es menos común en un índice como el Nasdaq, pero sucede. Es más común en índices menos líquidos como el ASX 500 australiano.

Las plataformas de los corredores tienen fallos y es posible que tengan un apagón. Se producen paradas de operaciones de índices y acciones. Las declaraciones de *trading* diarias de tu corredor pueden ser incorrectas. A veces tendrás que llamar a tu corredor para hacerle consultas y hacer correcciones; el factor del error humano no puede eliminarse por completo. Si operas con sistemas diarios, revisarás el mercado todos los días, tanto si el sistema está automatizado como si no.

Agregarás más complejidad si utilizas margen o apalancamiento para financiar tu cartera.

Es posible que te consideres un buen analista técnico y quieras operar con un estilo más discrecional. Por lo tanto, podrías utilizar el sistema del Nasdaq diario y sus señales de compra como guía para programar una buena entrada. Podrías hacer lo mismo con las señales de venta y utilizarlas para vender en corto. O puedes ser un *trader* que utiliza un marco de tiempo más largo y podrías usar las señales de compra para agregar a las posiciones existentes. Independientemente de la forma que elijas para operar de las muchas variables que he mencionado, necesitarás un activo muy importante: una mente tranquila y pacífica.

Ahora que ya has leído el capítulo anterior y la mayor parte de éste, te haré una pregunta que siempre planteo en mis seminarios:

¿Considerarás los méritos de la psicología y el pensamiento Zen para el *trading*, o crees que es más beneficioso explorar métodos de *trading* más técnicos?

Tal vez desees más información, y eso está bien, ya que explorar ideas alternativas tiene mucho mérito.

Así que aquí hay algo más para que pienses: otro método para comparar con el Sistema «Quiero dinero».

En el capítulo 2, analicé un sistema de seguimiento de tendencias, uno que nunca utilicé a largo plazo porque pensaba que era demasiado simple y aburrido. La Figura 15.1 muestra el resultado de un sistema que también se utilizó en el Nasdaq 100. Es similar al Sistema «Quiero dinero», pero más simple. Opera a escala mensual. Sí, mensualmente. Eso significa que todo el análisis se realiza el último día de operaciones del mes, en preparación para el primer día de operaciones del mes siguiente.

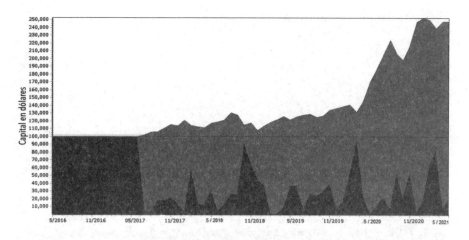

**FIGURA 15.1.** Sistema Zen Mensual.
Fuente: wealth-lab.com

## LAS REGLAS DEL SISTEMA ZEN MENSUAL

- Compra una acción cuando el precio de cierre sea el más alto en 12 meses.
- Compra siempre las acciones de menor precio si hay más de una señal de compra.
- Si tienes suficiente dinero para comprar dos acciones, compra primero la más barata y luego compra la siguiente acción con el precio más bajo.
- Utiliza una parada dinámica de 1,5 ATR calculado a lo largo de dos meses. Utiliza órdenes de venta de mercado preestablecidas.
- Emplea el 8 % del capital total por operación, lo que te dará 12 acciones en tu cartera. Beneficios compuestos. Mantén todo el capital de *trading*, incluidas las ganancias reinvertidas en el sistema.

Se pueden ver algunas similitudes con el Sistema «Quiero dinero».

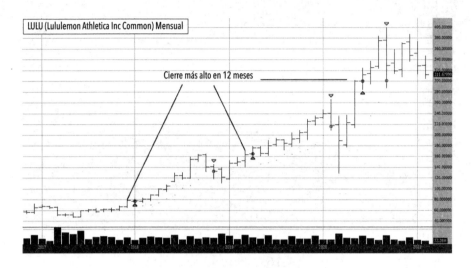

**FIGURA 15.2.** LULU (3).
Fuente: wealth-lab.com

De nuevo, usando el gráfico de la acción LULU, podemos ver cómo funcionan las compras y las ventas. La señal de compra representa el primer día de operaciones del mes. Ése es el día en que el sistema compra, después de que el precio de las acciones alcanza el cierre más alto en 12 meses.

Como hemos visto en el sistema anterior, utilizamos una parada dinámica con una orden de venta colocada en el mercado. Esta vez, la configuración es 1.5 ATR calculada en un período de dos meses. Puedes ver dónde se venden las acciones cuando alcanza el ATR final (el sistema volverá a entrar después del siguiente máximo de cierre en los 12 meses). La salida de la parada dinámica podría ocurrir a principios, mediados o finales de mes. No lo sabemos. Pero sí sabemos que tenemos una parada en el mercado.

## RESULTADOS

- El gráfico anterior muestra tres operaciones: la primera con un rendimiento del 72%, la segunda con un 31% y la tercera con un punto de equilibrio.
- En cuatro años (del 17 al 21 de mayo) el sistema realizó 88 operaciones: 22 operaciones al año, o un poco menos de dos al mes.
- El sistema tenía una tasa de ganancias del 60% y un rendimiento promedio del 29% al año, y convirtió 100 000 dólares en 248 000 dólares.

Sistemas como éste son lo último en simplicidad para el seguimiento de tendencias. Son de una metodología muy simple. La probabilidad ganadora de comprar acciones en tendencia con impulso de precio (precio más bajo) hace el trabajo pesado por ti.

Sin embargo, deberás apartarte, quitar las manos del volante y el pie del freno y del acelerador. Confía en el proceso. La confianza es el nivel 250 en la escala de conciencia del Dr. Hawkins.

Con calma y tranquilidad, menos puede ser más.


## TU AGENDA NECESARIA

Es lo mismo que para el Sistema «Quiero dinero», pero una vez al mes. No cada día.

Casi puedo escuchar las protestas y las preguntas: «No podemos predecir mercados o ciclos».

«¿Y si las cosas hubieran resultado diferentes?».

«No sabemos qué sucederá o si los mercados subirán o bajarán».

El Zen tiene una respuesta para el hecho de no saber, y está en el próximo capítulo.

# Historia personal del *trading* de Pete

En 2013, Max, mi amigo en el ámbito del *trading*, y yo estábamos trabajando juntos en sistemas de reversión a la media (MR).[1] Max era el maestro de los MR y desarrolló algunos sistemas inteligentes para operar en el mercado de acciones australiano. Como lo presioné con mucha persistencia, aunque después de algunas dudas por su parte, con mucha amabilidad me dio un sistema para operar. Sin embargo, él tenía una preocupación. Yo era predominantemente un *trader* de tendencias y psicológicamente me costaría el cambio de concepto. Descarté sus preocupaciones (nota: identidad/ego/yo como *trader* profesional siendo desafiado).

«Ya tengo suficiente en mi vida», me dijo. Además de tener un socio y una familia, estaba renovando una casa, operaba sistemas de *trading* de tendencias, impartía clases de *trading*, monitorizaba operaciones, escribía, actualizaba mi sitio web y realizaba un voluntariado en el centro budista. Los sistemas MR me obligarían a vender en corto y comprar por inmersión, algo a lo que no estaba acostumbrado, sin mencionar la monitorización requerida del sistema semiautomatizado (semiautomatizado porque elegimos ingresar nuevos pedidos y ajustar nuestros 100 o más pedidos manualmente todas las mañanas antes de la apertura del mercado). Manejé el sistema durante unos meses, en los cuales me estresé y acabé con los ojos ardiendo de tanto mirar pantallas. Con mi mente ahora confusa (pero con la experiencia suficiente para saber que era una señal de advertencia), le cedí la victoria al mercado y vendí el sistema con pérdidas. El ego sonrió, Pete se enfadó y Max supo que era mucho mejor no decir nada.

---

1. Los sistemas de reversión a la media (MR) compran precios mínimos extremos, que luego se venden para obtener ganancias cuando el precio de las acciones vuelve a su promedio. El método también puede vender máximos en corto para volver a comprarlos con ganancias, cuando el precio de las acciones vuelve a su promedio. La mayoría de los sistemas MR tienen una tasa de ganancia muy alta pero una tasa de pago de ganancias pequeña, por lo que los sistemas MR deben realizar muchas operaciones para ser rentables en general y pueden requerir una monitorización intensiva.

## PROVERBIO ZEN

El ciclo real en el que trabajas es un ciclo llamado tú mismo.

—Robert M. Pirsig,
*Zen y el arte del mantenimiento
de la motocicleta—*

## RESUMEN DEL CAPÍTULO

- Sea cual sea el sistema o método que elijas para operar, la psicología (y en particular el pensamiento Zen) es un factor importante.
- La calma y la paz mental te serán de gran ayuda, sea cual sea el método de *trading* que elijas.

# 16

# El Zen tiene la respuesta al no saber

Si tan sólo supiera con certeza lo que iba a pasar… He reflexionado sobre esa afirmación muchas veces. Teniendo en cuenta que no puedo predecir el futuro, al menos ¿cómo trato de predecir un resultado probable? Seguramente hay una manera o hay alguien o algo que me lo puede decir. A diferencia de muchas religiones, filosofías, economistas, expertos en *trading* e inversión, matemáticos, físicos o defensores de cualquier otro campo de especialización que se te ocurra, el Zen te dará lo que puede parecer una respuesta cruel: no lo sé.

En abril de 2015 escribí un boletín para mis suscriptores titulado «¿Qué pasa si…?». Les recordaré a los lectores a los que quizá se hayan olvidado que la negatividad y el miedo sobre el mercado de valores prevalecieron extremadamente en 2015. No había señales del mercado alcista desde los mínimos que la Gran Recesión alcanzó en 2009. El miedo y la precaución eran la comidilla de la época. Ahora sabemos que los cinco años entre principios de 2015 y 2020 fueron muy fuertes, y la narrativa a principios de 2020 se convirtió en: «¡Hemos estado en un mercado alcista durante diez años!». Pero la opinión en 2015 era que los mercados todavía estaban en modo de recuperación desde la Gran Recesión.

Los comentaristas del mercado del presente tienen poca memoria sobre el pasado, y olvidan o descartan cuáles fueron las emociones de aquellos que operaron en el mercado durante diferentes períodos de tiempo.

Centrarse en lo negativo parece ser algo propio de la naturaleza humana y parece que muchos están programados subconscientemente para tener miedo y actuar con cautela.

A continuación se muestra lo que escribí en 2015 para abordar los temores de mis clientes. El boletín todavía está en mi sitio web.

## «¿Qué pasa si...?»

«¿Qué pasa si...?» es una pregunta que escucho de muchos inversores y comerciantes.

- ¿Qué pasa si aumentan las tasas de interés?
- ¿Qué pasa si el mercado inmobiliario colapsa?
- ¿Qué pasa si el mercado de valores se derrumba?
- ¿Qué pasa si el estímulo global no funciona?
- ¿Qué pasa si la deuda global envía a las economías mundiales a otra gran depresión?
- ¿Qué pasa si tenemos hiperinflación y el dinero casi no vale nada?
- ¿Qué pasa si tenemos deflación y los activos pierden casi todo su valor?
- ¿Qué pasa si hay una guerra?
- ¿Qué pasa si Europa cae en el caos total debido a un colapso del euro?
- ¿Qué pasa si la economía china colapsa?
- ¿Qué pasa si todo es sólo una burbuja global y un castillo de naipes destinado a terminar en un desastre seguro?

Algunas o todas las anteriores podrían ser preocupaciones válidas. ¿De cuál «qué pasa si...» deberíamos preocuparnos más? ¿Cuáles son más probables y en qué orden se desarrollarán los escenarios anteriores? ¿Qué seguridad tendremos y cómo apoyaré a mi familia y amigos? Lo más seguro que puedes hacer es probablemente nada, todo es demasiado incierto y peligroso.

¡Invertir y, en particular, operar en *trading* es para locos!

# No preguntes por qué, sino qué

Cuando vivía en el monasterio, una de las declaraciones más sabias y que más me incitaron a la reflexión que escuché fue: «No preguntes por qué, sino qué». La filosofía es ésta: si continuamente te preguntas por qué ha sucedido o está sucediendo algo (particularmente a ti mismo), acabas queriendo y necesitando saber la razón que hay detrás de todo lo que ha sucedido o sucederá.

Preguntar qué está pasando te dará una respuesta más clara y pondrá tu mente en un lugar para responder en consecuencia, en vez de preocuparte de manera incesante por saber por qué. ¿Es realmente necesario saber por qué una operación está yendo bien o mal? Podrías preguntar qué está pasando y luego responder. Si está subiendo, compra. Si está cayendo, vende. Las razones casi siempre llegan después del hecho.

# Una visión alternativa al «qué pasa si...»

- ¿Qué pasa si las tasas de interés se mantienen bajas durante muchos años?
- ¿Qué pasa si el mercado de la vivienda no colapsa sino que se desacelera hasta un crecimiento constante a largo plazo?
- ¿Qué pasa si el mercado de valores no colapsa?
- ¿Qué pasa si el estímulo global funciona?
- ¿Qué pasa si la deuda mundial se erosiona lentamente a través de un crecimiento constante y una recuperación de la confianza?
- ¿Qué pasa si tenemos una inflación moderada que estimula un crecimiento saludable de los activos?
- ¿Qué pasa si tenemos deflación en áreas que ayudan a la economía, por ejemplo, los costos de energía siguen disminuyendo y estimulan a los hogares y las empresas?
- ¿Qué pasa si no hay guerra?
- ¿Qué pasa si Europa no cae en el caos y se reconstruye lentamente?
- ¿Qué pasa si China e India toman el relevo europeo e impulsan la economía mundial?

- ¿Qué pasa si estamos al borde de un increíble período de prosperidad como nunca antes hemos presenciado, impulsado por la tecnología, las economías emergentes y la competitividad?

Algunos de estos supuestos podrían ser un sueño imposible, algunos una realidad. ¿En qué «qué pasa si...» deberíamos centrar nuestra energía e invertir? ¿Cuáles son más probables y en qué orden se desarrollarán los escenarios anteriores? ¡Lo mejor que podemos hacer es vender la granja, pedir una hipoteca por la casa, apalancar hasta las cejas e invertir en cualquier cosa que se mueva!

Opero y enseño principalmente *trading* de tendencia. Se llama «*trading* de tendencia» porque la metodología se enfoca en invertir en activos que están subiendo y luego utilizar el control de riesgo en caso de que no funcione. Que no rinda no significa que lo hayas hecho mal. Es sólo que el escenario particular no funcionó como esperabas.

Nadie sabe nunca lo que sucederá. Los «qué pasa...» anteriores son imposibles de determinar en cualquier medida o en qué orden pueden suceder.

## LA CRISIS DE LA COVID DE 2020 PRUEBA QUE NO SABEMOS

Mientras escribo, el mundo está intentando recuperarse de la crisis de la COVID. Con el beneficio de la retrospectiva, sabemos que menos de la mitad de los aspectos negativos enumerados en mi boletín de abril de 2015 sucedieron alguna vez. Curiosamente, más de la mitad de los aspectos positivos que he mencionado han sucedido. Los mercados inmobiliarios no han colapsado y los mercados bursátiles se han recuperado rápidamente. Las tasas de interés se han mantenido bajas. A pesar de eventos inesperados como el Brexit y la elección de Donald Trump como presidente de Estados Unidos, la economía global y las economías de muchos países individuales prosperaron en los cinco años entre 2015 y 2020. Los mercados crecieron y se obtuvieron beneficios.

Es justo decir que hace cinco años nadie habría sido capaz de predecir cómo serían las cosas hoy en día, en particular, que el mundo sufriría una pandemia y que las vidas y las fortunas de tantas personas se verían afectadas de manera tan dramática. Tampoco podíamos saber que los mercados se recuperarían tan rápidamente de la liquidación inducida por la COVID. Intentar predecir el futuro de los mercados ahora es tan inútil como lo era entonces. Así que, en lugar de preocuparse, preguntarse y lamentar la oportunidad perdida por la inacción causada por el miedo, podrías contemplar un nuevo enfoque.

Ese enfoque es la filosofía Zen del no saber.

Dije al comienzo de este libro que los *traders* sienten un gran temor por el resultado. Si tan sólo supiéramos el resultado de nuestras decisiones, el *trading* y la vida serían tan fáciles… Queremos saber, podemos pensar que sabemos, o tal vez sentimos que se supone que debemos saber. En nuestra sociedad hay un sesgo increíble a tener que saber y buscar soluciones para reducir la incertidumbre. Creo que esa mentalidad produce un mundo de personas que viven con ansiedad constante. Entonces se nos presenta una propuesta de los maestros Zen, también de los *traders* experimentados, para considerar algo radical: admitir la verdad de que no sabemos y ver qué sucede. Aceptar de todo corazón esa propuesta puede cambiarlo todo.

No saber no significa ser estúpido. Significa lo que decía en el boletín: preguntar qué está pasando, en lugar de la pregunta menos útil de «por qué». La pregunta «¿Por qué está pasando?», te atrapa en el deseo de saber todas las respuestas. La pregunta más astuta «¿Qué está pasando?» te da una respuesta definitiva que te llevará al curso de acción correspondiente. Si lo que pasa es que el mercado está cayendo y te da señales de venta, vende. Si lo que pasa es que el mercado sube y te da señales de compra, compra. Tus acciones pueden ser vender, comprar, mantener o quedarte a un lado y esperar. Esas cuatro acciones son respuestas válidas a la pregunta «¿Qué está pasando?». Durante la venta masiva extremadamente rápida de marzo de 2020, nadie sabía todos los «por qué» y los «qué pasa si…», pero todos sabíamos lo que estaba sucediendo: ¡el mercado caía con mucha rapidez! Si tenías un plan definitivo para tu *trading*, la acción adecuada era responder a lo que estaba sucediendo: la respuesta a por qué estaba sucediendo seguramente llegaría con el tiempo.

El maestro Zen Suzuki Roshi dijo una vez: «La mente de un principiante está abierta y es cuestionadora. La mente de un experto está cerrada».

Entonces, la afirmación «No lo sé» en realidad nos da flexibilidad mental. Las alternativas de «Yo sé» o «Necesito saber» pueden eliminar el pensamiento fluido y volvernos rígidos por nuestro propio condicionamiento mental y cultural. A menudo llenamos nuestras mentes con suposiciones en nuestro constante aferramiento al conocimiento. Y ése es un estado mental que puede congelarse con la inacción. No tener que saber es lo que crea la flexibilidad mental que se necesita para ser un *trader* experto. En nuestras vidas, a menudo parece que hay una competencia inmensa entre aquellos que creen que saben más, pero ¿los que saben mucho siempre producen buenos resultados en el *trading*? Si eso fuera cierto, todas las personas muy inteligentes que existen serían genios del *trading* con un éxito increíble; y sabemos que ése no es el caso.

## LO QUE SABEMOS

Sabemos que las personas que no planifican, y por tanto que toman decisiones desmedidas, suelen fracasar. Las personas que planifican y toman decisiones mesuradas, basadas en la probabilidad y en el control de riesgos, a menudo tienen éxito. También sabemos que aquellos que confían y se entregan a un proceso (nivel 250 en la escala de conciencia del Dr. Hawkins) tienen más posibilidades de producir un resultado positivo. Es importante destacar que también tienen un proceso para medir los resultados y cambiar si es necesario.

Si nos reuniéramos y habláramos de los resultados dinámicos de los sistemas incluidos en este libro, es posible que exclamaras: «¡Sí, pero era un mercado alcista!».

Y que yo te respondiera: «No sabía que lo sería».

¿Y qué sucedería si luego preguntaras: «¿Ahora es un buen momento para iniciar el sistema?».

Y yo te respondiera: «No lo sé».

Probablemente pensarías: «Vaya, ¿qué clase de profesor de *trading* es este tipo? ¡No sabe nada!»

El *trading* es pura probabilidad y consiste en hacer lo mejor que podamos en un entorno incierto. No se trata de saber qué va a pasar, porque ya deberías haberte dado cuenta: nadie lo sabe.

El *trader* experto sabe que en el mercado puede suceder cualquier cosa: las acciones pueden caer rápidamente y pueden subir a valores increíbles. Por eso el *trader* debe estar listo para responder y no reaccionar a muchas posibilidades.

Cuando compramos una acción con tendencia alcista, no sabemos si será una operación perdedora o ganadora. No sabemos cuánto perderá ni cuánto ganará. Lo que sí tenemos es la probabilidad de nuestro método. Por ejemplo, el uso de un método de *trading* de tendencia probable nos muestra que, si seguimos el proceso de vender acciones con tendencia a la baja y comprar y mantener acciones con tendencia al alza, tenemos una buena probabilidad de éxito. El mercado es impredecible porque no sabemos cómo reaccionarán los que participan en él.

El mercado es una masa de emociones humanas y, como te dirá cualquier economista del comportamiento, *trader* profesional o maestro Zen, intentar predecir lo que hará esa masa de mentes es imposible.

## PROVERBIO ZEN

Un alumno se acercó a su maestro y le preguntó:

—¿Qué sucede después de la muerte?

—No lo sé –fue la respuesta.

—¿No eres un maestro Zen? –preguntó el alumno–. ¿Por qué no lo sabes?

—Porque todavía no estoy muerto –dijo el maestro.

# Historia personal del *trading* de Pete

Cuando estuve de retiro en Japón, uno de mis compañeros participantes era un exsoldado que había pasado por tres períodos de servicio en Irak y Afganistán. Le costaba mucho adaptarse a la vida del retiro, y un día, durante una comida con el sacerdote Zen presente, anunció que necesitaba sexo, algo para beber y comida diferente. Iría a un bar en un puerto marítimo a unas horas de distancia, satisfaría sus deseos y luego regresaría a los pocos días para continuar el retiro. El anciano sacerdote lo miró y simplemente dijo: «Está bien». Me quedé asombrado, porque asistía regularmente al retiro y nunca había experimentado algo así.

Al día siguiente, el anciano sacerdote y yo llevamos al exsoldado a la estación de tren más cercana. Por el camino de regreso al templo Zen, expresé mi opinión: el exsoldado no regresaría, era irrespetuoso, indisciplinado, sería incapaz de desprenderse de sus adicciones, probablemente tenía trastorno del estrés postraumático (PTSD, en su sigla en inglés). Lo juzgué, lo etiqueté y pensé que lo sabía todo. El sacerdote no dijo nada, sólo asintió.

Unos días después, el exsoldado regresó a la hora y el día que dijo que lo haría. Al volver a la vida del retiro, comentó cómo había extrañado la rutina, la estructura y la serenidad. Luego se convirtió en uno de los meditadores más dedicados con los que he tenido el honor de sentarme. El anciano sacerdote nunca dijo nada. No necesitaba hacerlo. El exsoldado y yo habíamos aprendido la lección. Simplemente no sabes.

## RESUMEN DEL CAPÍTULO

- Al analizar el mercado, pregúntate «¿Qué está pasando?» no tanto «¿Por qué está pasando?».
- Yo no sé qué pasará, ni tú, ni nadie.
- Acepta el hecho de que no sabes. Liberará tu mente de la preocupación y de la necesidad de analizar todo en exceso.
- Sabemos que el análisis excesivo puede crear estancamiento, no la fluidez de pensamiento y acción que necesita el *trader*.

# 17

# Prácticas sencillas para procesos complicados

Yo creo que el *trading* puede ser fácil, pero hacemos que sea difícil. No es culpa nuestra que lo hagamos difícil, es porque no hemos aprendido la manera correcta de pensar para hacerlo más fácil. Esa forma de pensar ha sido descrita en detalle en los capítulos anteriores. Sin embargo, a pesar de lo bien que podamos desarrollar nuestras mentes para hacer frente a lo que el *trading* y la vida nos presentan, no hay forma de escapar de la necesidad de soluciones prácticas. A partir de mi propia experiencia en el *trading*, así como de mi observación de clientes y estudiantes, he enumerado lo que considero los mayores desafíos para aquellos de nosotros que elegimos hacer del *trading* una parte de nuestras vidas.

## CUÁNDO EMPEZAR

Cuándo comenzar a operar es una pregunta común. La razón por la que las personas posponen empezar a operar es que tienen miedo. A menudo, el miedo se debe a que el mercado está alto y temen que se la racha se haya agotado, y que empezará a caer. Cuando el mercado está bajo, las personas tienen miedo porque están influenciadas por la negatividad que les rodea. Es imposible saber cuándo es un buen momento o cuándo es un mal momento. La respuesta a «¿Cuándo?» es probablemente «Ahora». Hay un antiguo proverbio chino: «El mejor momento para plantar un árbol es hace 20 años».

## CON QUÉ OPERAR

Muchos *traders* experimentan con diversos vehículos de *trading*. Por vehículo me refiero a formas de *trading*, como el uso de acciones, opciones, garantías, fondos negociados en bolsa, contratos por diferencias, materias primas, criptomonedas, divisas: la lista es amplia. Si tienes dificultades para obtener ganancias del *trading*, necesitas simplificar tu proceso y trabajar más en tu mente. La mejor manera de simplificar es evitar los vehículos comerciales exóticos y complicados que existen. Simplifico mi proceso operando con acciones en la moneda de mi propio país y utilizando la bolsa de valores de mi país, la Bolsa de Valores de Australia. Debido a esa elección, hago negocios con instituciones en mi propia área y opero durante mi horario de *trading* local. Hago estas cosas para normalizar mi vida tanto como sea posible. Considero que operar con una moneda extranjera (utilizando instituciones extranjeras) y tener que trabajar durante horas inconvenientes es complicado y agotador. La elección es tuya, sin embargo, mi experiencia es que muchos financieros prueban demasiadas ideas y diversificación, lo que resulta en agotamiento emocional y físico. Es posible que no tengas más remedio que operar en el extranjero, pero por razones prácticas y de estilo de vida, primero explora tu propio mercado y operaciones y busca maneras de simplificar tu proceso.

## MARCO DE TIEMPO

Como se mencionó en el capítulo 3, podría decirse que una de las decisiones más difíciles de tomar cuando se busca elegir o desarrollar un sistema para operar es el marco de tiempo que se utilizará.

Teniendo en cuenta que, según las estadísticas, entre el 90 % y el 95 % de los *traders* pierden o se quedan en el punto de equilibrio, parece lógico que aumentar tu marco de tiempo de *trading* a gráficos semanales para el análisis sea la mejor opción para ubicarte en un área donde existen los ganadores y estás lejos de los perdedores ansiosos que estudian detenidamente los gráficos todos los días.

Si eres un principiante, lo mejor es que evites el *trading* a corto plazo. La mayoría de los *traders* operan en exceso y la mayoría pierden. Entonces, ¿por qué unirse al equipo perdedor? Para mantener la calma y la tranquilidad, necesitas un marco de tiempo que sea lo suficientemente corto como para proporcionar la cantidad de operaciones necesarias para mantenerte interesado, pero lo suficientemente largo como para darte tiempo para pensar, desconectarte, responder pero no reaccionar. Muchos *traders* consideran que utilizar un marco de tiempo semanal es ideal, especialmente si tienen otras responsabilidades, como el trabajo o la familia.

## REDUCCIÓN DE CAPITAL

La reducción de cartera, lo que significa un retroceso en tu capital, es, con mucho, uno de los desafíos más difíciles a los que se enfrentan la mayoría de los *traders*. De hecho, diría que es el desafío más difícil. El tamaño de tu pérdida dependerá del método con el que operes. Si eres un *trader* a corto plazo, las salidas normalmente son estrechas (esto significa que las salidas previstas se establecen cerca del precio prevaleciente, por lo que si la operación se mueve en sentido contrario a tus expectativas, las pérdidas se mantienen bajas). Sin embargo, esto significa que lo más probable es que realices operaciones frecuentes, ya que el sistema venderá y comprará con frecuencia debido a sus parámetros ajustados.

Si estás utilizando un método de *trading* de tendencia como algunos de los sistemas de los que hemos hablado en este libro, las salidas normalmente son más flexibles y se alejan más del precio prevaleciente. Por lo tanto, los cambios en el valor de las acciones son inevitables.

A muchos *traders* les cuesta encontrar el equilibrio entre la frecuencia de las operaciones y la reducción de la cartera.

Se sienten atraídos por el *trading* mínimo y las grandes ganancias que los sistemas de *trading* de tendencias pueden ofrecer, pero no les gustan las inevitables reducciones que estos sistemas también producen. La reducción de capital destruye muchas carreras de *trading*. Los *traders* venden sus carteras en el peor momento posible y luego ven que el mercado se recupera sustancialmente.

## CON CUÁNTO CAPITAL COMENZAR

Teniendo en cuenta que la reducción de capital es quizá el mayor desafío para los *traders*, yo suelo aconsejar lo siguiente a los clientes: pensar en una cantidad de dinero que puedan permitirse perder. Una cantidad que no afectará a sus vidas de manera adversa. Por ejemplo, en el caso de una reducción de capital de tu monto designado, ¿podrías pagar el alquiler o la hipoteca, pagar las facturas, alimentar a la familia, no crear relaciones tensas con tu pareja y aun así dormir profundamente por la noche? ¿Qué cifra es tolerable para ti? Si crees que la cantidad son 15 000 dólares y estás operando con un sistema que tiene una reducción histórica del 15 %, entonces tu capital inicial no debería pasar de los 100 000 dólares, ya que el 15 % de 100 000 dólares son 15 000: la cantidad que has establecido como tolerable. Por supuesto, para hacer el cálculo anterior, necesitas conocer la reducción histórica de tu método de *trading*.

Tu cifra tolerable debe ser una cantidad que, durante la volatilidad del mercado, no haga que entres en pánico y vendas (desobedeciendo tus reglas). Todos los sistemas experimentan una reducción de capital. Debes ser capaz de resistir emocionalmente una reducción en caso de que suceda una o ambas de las siguientes cosas:

1. El capital de la cartera tiene una reducción y puede cumplir con las reglas del sistema: el valor del capital se recupera y comienza a aumentar de nuevo.
2. Todas tus operaciones se agotan según tus reglas de límite de pérdida y tu cartera se convierte en efectivo. Esto puede suceder durante las correcciones volátiles del mercado.

Ahora viene el peor de los casos: una pérdida de 15 000 dólares. Si eso es demasiado para ti, entonces puedes reducir a la mitad el capital de tu cartera, a 50 000 dólares, reduciendo así tu peor escenario a una pérdida de 7500, porque eso es el 15 % de 50 000 dólares. Si puedes soportar una cifra mayor en dólares en el peor de los casos, aumenta (o reduce) el tamaño de tu cartera hasta tu nivel de tolerancia emocional.

Alternativamente, opera con un método con una reducción histórica más baja. Sin embargo, el *trading* es un juego de toma y daca. Como ya se ha mencionado con anterioridad, implementar un sistema con una menor reducción significará tener paradas más estrictas, lo que resultará en más operaciones. Necesitarás encontrar tu compromiso personal entre cuántas operaciones realiza tu sistema y cuánto estás dispuesto a permitir que el capital oscile hacia arriba y hacia abajo.

## COMPRAR Y VENDER

Algunos *traders* tienen dificultades para comprar y otros lo encuentran fácil. He notado dos rasgos de personalidad dominantes entre mis clientes. Aquellos que tienen confianza y, a menudo, tienen éxito en otras áreas de la vida además del *trading*, no tienen problemas para comprometerse y comprar. Han tenido buenas experiencias en otras empresas, por lo que en su mente no hay nada por lo que temer al *trading*. Sin embargo, tienen problemas para vender, muchas veces porque no tienen una salida predeterminada. Son personas seguras de sí mismas y sienten que no la necesitan, porque rara vez imaginan el fracaso o la pérdida. ¡A veces no venderán porque eso significa que se habrían equivocado y se sentirían derrotados! La pérdida es algo raro para estas personas de éxito y de pensamiento positivo.

El otro rasgo de la personalidad que he visto en los *traders* es la dificultad para comprar. Son conservadores y a menudo analíticos con aversión al riesgo. Finalmente reúnen el coraje para realizar una compra, casi siempre acompañada de sensación de desgana y temor. Debido a sus excelentes habilidades analíticas y de investigación, a menudo eligen operaciones con buenas probabilidades de éxito. Sin embargo, su preocupación y miedo los consumen, y les resulta difícil mantener abiertas las operaciones. Tienden a vender a la primera señal de retroceso. Se adelantan a las señales de venta y no esperan la confirmación de venta de sus reglas. Colocan órdenes de venta demasiado cerca del precio prevaleciente de las acciones y se convierten en víctimas de la volatilidad del mercado, y venden de un modo innecesario. Después de detenerse prematuramente, luego ven que sus operaciones continúan en la dirección que anticiparon la primera vez. Si reciben una señal de venta, a menudo son disciplinados y venden lo antes posible, por lo que nunca pierden mucho. Desafortunadamente, tampoco ganan mucho porque les resulta difícil mantener las tendencias, y a menudo venden antes de que la operación haya llegado a buen término y arrojado una buena ganancia.

La respuesta práctica a estos dos rasgos de personalidad (junto con el pensamiento Zen) y muchos otros errores basados en el miedo durante el *trading* es un buen dimensionamiento de la posición. El tamaño de la posición significa determinar el tamaño en dólares de una operación para que se adapte a tu tolerancia al riesgo. El tamaño de la posición y las salidas son factores mucho más importantes en tus operaciones que las entradas. El principiante puede tardar muchos años en darse cuenta de eso, lo que resulta en pérdidas y oportunidades perdidas. No seas uno de esos *traders*: haz el esfuerzo de aprender sobre formas seguras y rentables de dimensionar tus operaciones.

## CUMPLIR CON UN PROCESO

Todo este libro se ha escrito para explicar por qué los *traders* no pueden ceñirse a un proceso. Cumplir con un proceso es lo más valioso que jamás harás para mejorar tus operaciones. Seleccionar o desarrollar un método y comprometerte con él durante un período de tiempo contribuirá más a tu desarrollo técnico y psicológico que cualquier otra cosa.

Por ejemplo, si estás utilizando un sistema de *trading* de tendencia semanal similar al que se describe en este libro, te sugiero un período de compromiso de 12 meses para experimentar y aprender sobre el mercado, sobre tu método y sobre tu mente. También podrías utilizar un sistema más a corto plazo, podrías reducirlo a un marco de tiempo de uno a tres meses.

Ningún libro, curso, seminario, profesor, mentor, vídeo de YouTube o cualquier otra cosa te enseñará más sobre el *trading* que hacerlo por ti mismo, comprometerte con ello y registrarlo con tu propia sangre, sudor y lágrimas. Un buen entrenamiento y asesoramiento son esenciales, pero no sirven de nada si no te comprometes con un proceso.

## CÓMO APRENDER A OPERAR

*El maestro aparece cuando el estudiante está listo.*

Realmente creo en este dicho. La mayoría de los aspirantes a *traders* son muy reacios a pagar la matrícula, algunos por una buena razón. Hay muchos profesores incompetentes y demasiado caros en esta profesión. Muchos aspirantes a *traders* nunca pagan por nada. Recorren Internet en busca de la opción más barata. Pueden convertirse en víctimas de vendedores sin escrúpulos que hacen promesas infundadas de riquezas rápidas o eternas. Si realmente quieres ser un *trader* de éxito, paga por una matrícula de un curso de calidad. Cuando busques a un profesor, utiliza tu sentido común. Únete a un grupo o a un club de *trading* y pregunta a otros sobre sus experiencias. Busca en Google algunas reseñas, envía un correo electrónico o llama al profesor y pídele que te deje hablar con sus clientes anteriores. Y, por último, pero no menos importante, comprueba si el profesor divulga sus resultados de *trading*. Ésa es una indicación real de la experiencia y la fiabilidad del profesor. Sin embargo, ten en cuenta que para ser un gran capacitador, no siempre tiene que ser el mejor *trader*, o incluso el mejor practicante Zen.

## CUÁNDO PARAR

Si pierdes de manera constante o tus operaciones no han sido rentables regularmente durante algún tiempo, es un buen momento para dejar de operar. Es un remedio lógico y simple para el problema, pero puede ser muy difícil en el plano emocional. Si estás perdiendo o no consigues rentabilidad y no puedes parar, entonces es probable que seas adicto al *trading*. Es posible que la razón de tus pérdidas o falta de rendimiento sea profundamente psicológica. Es poco probable que sea un problema técnico. Puede que el problema no sea tu método o el mercado, sino tu mente. Si crees que es una declaración muy agresiva, considera el famoso dicho de Albert Einstein: «La definición de locura es repetir el mismo proceso y esperar un resultado diferente».

Es un problema grave y un gran impedimento para tus objetivos y aspiraciones en el *trading*. También es un problema muy común. Entonces, si lo que estoy escribiendo se adapta a tu caso, por favor no te sientas incompetente. Eres uno de los muchos que luchan con el mismo problema. Lo he dicho muchas veces, el *trading* es simple en el plano técnico pero emocionalmente difícil. Tu comprensión emocional y resiliencia deben elevarse a un nivel por el que puedas hacer frente al método que estás utilizando. O puede que necesites reducir la complejidad de tu método para adaptarlo a tu nivel de competencia emocional. Te encuentras en una etapa de tu *trading* en la que se necesitas hacer un examen de conciencia profundo y, con suerte, el próximo capítulo te ayudará con ese proceso.

## PROVERBIO ZEN

«Si entiendes la práctica real, entonces el tiro con arco o cualquier otra actividad puede ser Zen. Si no entiendes cómo practicar el tiro con arco en su verdadero sentido, aunque practiques mucho, lo que adquieres es sólo técnica. No te ayudará a lo largo del proceso.

»Tal vez puedas dar en el blanco sin intentarlo, pero sin ese arco y flecha, no puedes hacer nada. Si entiendes el significado de la práctica, incluso sin un arco y una flecha, el tiro con arco te ayudará. Y sólo obtienes ese tipo de poder o habilidad a través de la práctica correcta».

—Shunryu Suzuki—

## Historia personal del *trading* de Pete

Considero que mi tipo de personalidad se ajusta al *trader* analítico y ligeramente ansioso. Un *trader* que es bueno para aceptar paradas, que puede resistirse a las señales de compra y, a veces, que le gusta estar fuera del mercado para tomarse un descanso mental y emocional. A principios de 2017 viajé a Japón para continuar mis estudios Zen. Mi cartera se había mantenido en una larga tendencia lateral. Llegué a la conclusión razonada que era un buen momento para tomarme un descanso y concentrarme en el estudio Zen, así que liquidé mi cartera. El tiempo sabático espiritual planeado fue desafiante y agotador. Mis sentimientos se vieron agravados por la noticia de que un familiar joven y cercano había muerto en un accidente. Al estar en un lugar remoto, no pude asistir al funeral en Australia. Mi resiliencia estaba siendo desafiada.

A mi regreso a casa, los mercados habían cambiado y subido. Mi sistema estaba señalando una reentrada al mercado de inmediato. Lo último que tenía ganas de hacer era comprar. Esperaba (y me hubiera gustado) hacer un descanso más largo. Sabía que, como el Zen, el *trading* es un proceso, y el proceso me pedía que me comprometiera una vez más. Con desgana y apretando los dientes, volví a comprar. Dos años más tarde, ese sistema había subido un 72 %. El *trading* puede ser fácil, pero nosotros lo hacemos difícil.

## RESUMEN DEL CAPÍTULO

- La mayoría de los *traders* tienden a complicar el *trading*.
- Después de un estudio riguroso, comienza tan pronto como puedas; es aconsejable comenzar con una cuenta pequeña.
- Opera en tu mercado local con la moneda de tu propio país; por lo general, es más fácil.
- Elige un marco de tiempo de *trading* que no te haga sentir abrumado.
- Un capital inicial menor reducirá la incómoda experiencia de una gran reducción.
- Dimensiona tus operaciones para minimizar el riesgo.
- Escoge un proceso, apégate a él, luego prueba y mide tu desempeño.
- Si no progresas, detente y evalúa tu método y tu mentalidad.

# 18

# Palabras finales
# sobre el dominio

## DOMINA ESA MEDITACIÓN

En el primer capítulo, he hablado de ventajas matemáticas. Sin embargo, hay otra ventaja en el *trading* de la que rara vez se habla: la ventaja Zen que se obtiene con la meditación.

El *trading* se enseña de muchas maneras y existen diferentes técnicas. La meditación también tiene muchas variaciones técnicas. En la cultura occidental, se practican comúnmente dos técnicas:

1. El método de la concentración, asistido por visualización, para ayudar a enfocar la mente.
2. El método de la introspección, para alcanzar la conciencia de los pensamientos.

Algunos ejemplos de métodos de visualización son: meditaciones guiadas verbalmente que te piden que imagines escenas agradables (esta práctica a menudo puede ir acompañada de música suave de fondo); centrarse en un pensamiento u objeto, como recitar un *mantra* o concentrarse en el corazón; o utilizar un método anecdótico, en el que el meditador intenta revertir conscientemente los pensamientos de odio o ira, para transformarlos en amor y compasión.

La técnica de la introspección te alienta a dejar las herramientas de pensamiento y análisis de la mente, para obtener una comprensión de lo que guía tus percepciones. Esto es más como el método Zen. Un ejemplo de la técnica de percepción utilizada por los practicantes del Zen es el proceso simple de observar sólo la respiración. Esto permite que el cuerpo y la mente se asienten y luego se separen de manera natural, sin la ayuda de visualizaciones o de un método de concentración en particular. El método Zen no se guía con música o indicaciones verbales, excepto para los practicantes principiantes. El método de meditación Zen/introspección puede ser más difícil de dominar, pero en mi opinión es más beneficioso. Porque es la introspección de nuestro pensamiento lo que conduce a una mayor conciencia.

Para operar bien, debes ser muy consciente de cómo piensas.

Es normal que los pensamientos de nuestra mente divaguen; uno de los principales objetivos de la meditación de introspección es enseñar a la mente a divagar un poco menos (con suerte, mucho menos). Entonces puede percibir con más claridad.

La clave de la meditación Zen es la capacidad de percibir claramente sin la distracción de juzgar y etiquetar el pensamiento.

Las puertas al juicio destructivo y la distracción deben cerrarse. Si puedes cerrar esas puertas, se abrirá otra: la puerta a la percepción y la claridad. Con esa claridad, la paz mental se produce de manera natural, acompañada de los beneficios de la perspicacia y la conciencia. Así es como funciona el proceso de dejar ir: deja ir tus juicios para permitir que entre un nuevo paradigma de pensamiento. Sin embargo, todos los que buscamos claridad de pensamiento tenemos un desafío común: comprender nuestro condicionamiento pasado.

Nuestras personalidades se forman a partir de una combinación de naturaleza (nuestra biología individual) y crianza (influencias sociales y familiares). La filosofía Zen cree que todos los humanos buscan seguridad e identidad. Nuestras mentes se adhieren rápidamente a lo que se nos ha animado a aprender y lo que sabemos. Luego formamos creencias en nuestra mente sobre lo que creemos que sabemos.

Todos estamos condicionados, o programados, desde una edad temprana; esto es normal para todas las culturas. Muchas personas viven sus vidas sin siquiera cuestionar o desarrollar una mente curiosa. Nunca llegan a darse cuenta del hecho de que sus mentes han sido condicionadas para pensar de cierta manera. Los términos «despertar» e «iluminación» son simplemente descripciones de una forma evolucionada de pensar más allá de la norma. Los *traders* hábiles se vuelven conscientes de su pensamiento y aprenden a responder con calma a cualquier situación en el presente, en lugar de reaccionar con una mente condicionada que vive con un trauma pasado o una mente ansiosa que vive en el futuro. De esto se ha hablado extensamente en capítulos anteriores, pero lo que sigue es un resumen del proceso de pensamiento que necesitas desarrollar para operar como un maestro Zen.

## LA ORDEN DE LA MAESTRÍA

### 1. Toma conciencia de tu pensamiento a través de la meditación

Ya he hablado de la meditación y de los beneficios de su práctica. Recordarás que la meditación es la sexta regla del sistema de paz y beneficio incluido en el capítulo 10. Antes de que comiences a reconocer que habitualmente juzgas y etiquetas todo lo que piensas, primero debes ser consciente de tus pensamientos. Aprenderás esta habilidad si utilizas la meditación de introspección con regularidad.

### 2. No juzgues ni etiquetes tus pensamientos

El capítulo 6 habla de esto detalladamente. También aprenderás esta habilidad si meditas con regularidad. El objetivo es entrenar la mente para observar tus pensamientos en lugar de dejar que pase inmediatamente a la necesidad de resolver o arreglar. Observa la tendencia de la mente a juzgar y etiquetar los pensamientos y lo que piensa que está mal, ¡o bien!

### 3. Reconoce tus apegos

Hemos explorado el apego y su importancia en el capítulo 4. Muy pocas personas se dan cuenta de cómo sus mentes se adhieren muy rápidamente a una perspectiva, y rara vez consideran que hay otras posibilidades u oportunidades. Domina tus apegos y dominarás tu mente. Domina tu mente y verás y experimentarás un mercado diferente. Aquí es cuando es beneficioso recordar la segunda Noble Verdad de Buda del capítulo 3: «La causa del sufrimiento es el apego».

### 4. Adhiérete a un método de *trading* sencillo durante un período de tiempo

Esto es similar al consejo que se da a los aspirantes a practicantes Zen, que es: adhiérete a los Cinco Preceptos (que aparecen en el capítulo 9) y medita con frecuencia. Una de las principales maneras de mejorar como *trader* es que te apegues a un método simple y luego trabajes en tu mente. Te darás cuenta de que el mayor desafío es tu mente y la manera en que piensa sobre el *trading*. Dedícate a ese desafío y cosecharás recompensas. Si tienes dificultades para apegarte a tu método, entonces significa que tu método no se adapta a tu personalidad o que tu mente necesita ser entrenada para ver las cosas desde una perspectiva Zen. O quizá el problema sea una combinación de ambas cosas.

### 5. Dimensiona, compra, vende, repite

El *trading* es un proceso. Sólo hay cuatro cosas que debes hacer de manera repetitiva para completar ese proceso: dimensiona tu operación, realiza tu operación, sal de tu operación y repite el proceso.

En Australia, tenemos un juego de apuestas llamado «*Two-up*». Dos personas lanzan una moneda al aire y apuestan si la moneda caerá al suelo de cara o de cruz. Hay un 50 % de posibilidades de ganar con cada lanzamiento de la moneda porque la cara está sólo de un lado. Si apuestas

1 dólar, tienes un 50 % de posibilidades de ganar o de perderlo. Ahora, si tienes un método de *trading* que tiene una tasa de ganancia del 50 % y que devuelve 2,30 dólares cada vez que ganas y pierdes 1 dólar cada vez que pierdes, ¿es un sistema ganador? Sí, claramente lo es (ten en cuenta que 2,30 dólares o 2,3 a 1 era la relación de pago del Sistema «Quiero dinero»). Entonces, ¿por qué no seguirías lanzando esa moneda? En este caso la moneda representa el sistema de *trading*. Si tienes un método de *trading* basado en una probabilidad de ganar similar, simplemente sigue dimensionando, comprando, vendiendo y repitiendo. Si no conoces las probabilidades de tu método, te entregas a la primera de las dos razones del fracaso en el *trading* de las que se habla en el capítulo 1:

1. No tienes un sistema o método para operar (por falta de conocimiento).
2. Aunque tienes un método, no te apegas a él (porque no has desarrollado un estado mental Zen).

Al comienzo de este libro, dije que mi objetivo era conectar las filosofías y técnicas del *trading* con el Zen. También te he mostrado el valor de adoptar el Zen en tu *trading* y en tu vida, para mejorar no sólo tu situación financiera, sino también tu felicidad y bienestar general. Quiero darte un ejemplo de alguien que ha hecho eso en otra carrera, y dejaré que esa persona lo diga con sus propias palabras. Esas palabras fueron pronunciadas en una entrevista con esta persona famosa y publicadas en el blog *Amuse* en abril de 2018.

## Meditación

«Hago meditación y yoga por la necesidad de tener un estado mental óptimo y paz y calma, y al mismo tiempo felicidad y alegría. Cada uno tiene sus maneras de llegar a ese estado de conciencia en el que estás de buen humor y sientes amor hacia ti mismo, hacia las personas que te rodean, hacia el planeta. Así, trato de alinearme con este tipo de enfoque y mentalidad en la vida. Definitivamente, los últimos 7 u 8 meses no han sido un período fácil para mí. Los resultados no me acompañaban en los grandes torneos. Pero más que resultados, era esa falta de equilibrio emocional».

## Estilo de vida

«Me diagnosticaron intolerancia al gluten en 2010. Antes de eso, ni siquiera sabía qué era el gluten. También eliminé los productos lácteos y el azúcar refinada de mi dieta, que es quizá incluso más importante que el gluten. Creo que eso me ha ayudado no sólo a ser un mejor tenista a lo largo de mi carrera en los últimos siete años, sino también a ser una persona más saludable, un atleta que se recupera más rápido. A mí me funcionó, obviamente. No digo que éste sea el camino a seguir para todos. Pero es algo que ha sido una parte muy importante, integral, de mi carrera, de mi vida».

## Miedos

«Todos los días me esfuerzo mucho para no tener ningún miedo. Creo que los miedos son el mayor enemigo de todos nosotros en todos los aspectos de nuestro ser, hagamos lo que hagamos. Si prestara demasiada atención a mis miedos, no habría sido capaz de lograr lo que tengo».

## Amor y conciencia

«Trato de concentrarme en las emociones positivas que me impulsan, como la pasión, la alegría y la pura inspiración para practicar el deporte que amo. Siempre tengo que volver a ese núcleo: el hecho de que disfruto simplemente sosteniendo una raqueta y jugando a diario en cualquier cancha, no sólo en la cancha central de un Grand Slam, me da esa emoción y esa alegría que me empuja a seguir adelante. Así, he tenido que redescubrir esta alegría interior de la motivación, de jugar. Y no sólo para ganar o perder, sino también para jugar por disfrutar el juego. Personalmente, mi vida como tenista ha cambiado desde entonces. No en el sentido de no tener suficiente motivación o jugar suficientes torneos, sino de entrar en una nueva dimensión de conciencia y ser consciente de mí mismo como algo más que un jugador de tenis. Ahora, cuando llego a casa, dejo la raqueta de lado y me dedico a las tareas familiares, que disfruto mucho. Y creo que eso también me da esa sensación de calma y de gran recuperación».

Si aún no has descubierto quién es ese hombre, te diré que es la leyenda del tenis Novak Djokovic. Mientras escribo en 2021, acaba de ganar otro Open de Australia: el octavo. Actualmente, éste es el mayor número de Open de Australia ganados por un jugador. Podría decirse que esa competición en particular ha sido una de las más difíciles: los comentaristas deportivos acordaron unánimemente que fue su ventaja mental lo que le hizo ganar el torneo. Novak describe con elocuencia las cualidades que considera importantes para su éxito profesional y personal. Sin saberlo, también ha resumido las filosofías y técnicas de este libro, con la misma precisión que muestra en su profesión.

Sin decirlo exactamente, Novak comprende la importancia de separarse de los resultados y al mismo tiempo tener un compromiso increíble con el éxito. Se ha dado cuenta de que el desapego es más fácil si se da menos importancia a sí mismo y a su ego. También ha aprendido a comprometerse con un estilo de vida saludable, con la meditación y, una vez más, ha encontrado la alegría y la emoción en su juego (desafortunadamente, esto es algo que muchos *traders* pierden debido al estrés). ¿Recuerdas lo emocionado que estabas cuando descubriste el *trading* por primera vez? O tal vez eres nuevo en el *trading* y no puedes esperar para comenzar. Demasiadas personas permiten que esa emoción se transforme en obsesión y miedo, y que destruya no sólo su alegría de operar, sino también su alegría de vivir.

El *trader* Zen te enseña a ser humilde y a dejar de querer tantas cosas. Tu camino es sólo tu percepción actual; puede que no sea la mejor manera para ti, o para otros.

## RETIRARSE, COMO LO HACE A VECES UN BUEN GUERRERO, PARA LUCHAR OTRO DÍA

Si alguna vez eres lo suficientemente valiente como para asistir a un retiro de meditación, lo siguiente es lo que sucederá: las muchas cosas que utilizamos regularmente para distraer nuestras mentes serán eliminadas de tu presencia. La televisión, los ordenadores, los teléfonos móviles, el material de lectura, la radio, la música; a veces incluso se prohíbe hablar, ya que muchos retiros tienen períodos de silencio. Los principiantes a veces encuentran que la idea de un retiro de silencio es un poco desalentador, por no decir aterrador. Sin embargo, la mayoría de los participantes encuentran que la experiencia del silencio es una de las más beneficiosas y alegres del retiro.

La ingesta de alimentos se purifica tanto como sea posible al servir alimentos saludables y principalmente vegetarianos. No hay alcohol, ni café (a veces se permite el té) y otras bebidas de naturaleza estimulante están restringidas o desaconsejadas. En la mayoría de los casos, se recomienda el ejercicio suave como el yoga o caminar.

El enfoque del retiro es, por supuesto, la meditación.

Las restricciones que se te imponen no son medidas sádicas para volverte loco por la privación. El propósito es que te des cuenta de cuánto te distraen tus hábitos diarios y tus adicciones leves para que no adquieras conciencia. El lector reflexivo puede haberse dado cuenta de cuál es la buena intención del planificador del retiro: facilitarte el cumplimiento de los Cinco Preceptos, de modo que todo en lo que tengas que concentrarte sea tu meditación.

Los retiros eliminan la presión y la tentación presentes en la vida cotidiana, lo que facilita el cumplimiento de las primeras cinco reglas del sistema. Esto te libera en gran medida de la responsabilidad y te permite concentrarte en la introspección. De la misma manera que un buen capacitador de *trading* puede elevar tu comprensión y capacidad para operar, un retiro bien organizado puede elevar tu nivel de conciencia. Un mayor nivel de conciencia elevará tu nivel de calma y presencia, y mejorará así tu capacidad para operar bien. Como dije antes, incorporar el Zen al *trading* no consiste en unir un sistema de *trading* matemático genial a unos poderes secretos, transmitidos por un maestro anciano que vive en la cima de una montaña. Es un sistema simple de vivir una vida saludable lo mejor que puedas y combinarlo con la meditación.

Los buenos *traders* adoptan sistemas simples: la sencillez y la disciplina son la clave del éxito y de los beneficios. Los maestros Zen adoptan sistemas simples: la sencillez y la disciplina son la clave de la calma y la presencia. Entonces, como aspirantes a *traders*, debemos ser aspirantes a humanos. Es un círculo completo que debemos recorrer.

Siempre.


## CONSEJO FINAL

Mi consejo final para ti en tu viaje por el *trading* y por la maestría de la vida es éste: haz todo lo posible para incluir regularmente las seis reglas del sistema de Buda en tu vida. Éstos son los Cinco Preceptos y la meditación. Cuando pierdas la disciplina o cometas errores, piensa que todo es parte del camino, y nadie es perfecto. Me he salido del camino muchas veces. Tómate un respiro y regresa al sistema que desarrolla la calma y la paz mental. Ésas son las cualidades más importantes para tener una vida feliz y satisfecha, y para operar bien en el *trading*.

El *trading* puede ser un proceso repetitivo; también lo es el Zen. Con eso en mente y para terminar este libro, repetiré lo que dije al principio.

Las similitudes entre el *trading* y el Zen son inmensas. Ambos son procesos simples, pero no necesariamente fáciles de seguir. Las recompensas también son inmensas, tanto a nivel personal como profesional. Como *traders*, debemos buscar métodos que funcionen, tengan mérito y estén probados con el tiempo.

El Zen es uno de esos métodos.

## PROVERBIO ZEN

«La meditación budista, pero sobre todo la meditación Zen, no busca explicar, sino prestar atención, tomar conciencia, ser consciente. En otras palabras, desarrollar un cierto tipo de conciencia que está por encima y más allá del engaño por fórmulas verbales, o por excitación emocional».

—Tomás Merton—

## Una historia final tanto de Pete como de Taishin Shodo

Para mí, Pete el *trader*, 2019 fue uno de mis mejores años en el *trading* y en la capacitación. Mi cartera funcionaba bien, enseñaba a muchos clientes y viajaba con frecuencia para impartir seminarios interestatales. Las ventas de mis libros fueron buenas. Me sentía feliz y confiado.

También en 2019, mi maestro Zen se tomó un descanso muy necesario. Al ser el siguiente practicante con más experiencia, acepté la responsabilidad de ocupar su lugar lo mejor que pude. Me convertí en *taishin*, maestro Zen. Disfruté del papel y aprendí mucho más de lo que había anticipado, y mis compañeros practicantes y los recién llegados parecían simpatizar conmigo. A pesar de algunas responsabilidades personales muy desafiantes fuera del *trading* y del Zen, me sentía feliz y confiado.

A principios de 2020 se dio el inicio de la pandemia de COVID. Mi sistema experimentó una reducción mayor que la que había mostrado mi modelo. La velocidad de la caída del mercado agregó otra capa de intensidad. Me sorprendió el nivel de emoción que estaba sintiendo. Noté que mi mente preguntaba: «Estoy entrenado en el Zen, ¿por qué sufro tanto?». También me di cuenta de que mi mente desafiaba mi identidad concebida de *trader*, profesor, escritor y sacerdote Zen.

Era consciente de mis pensamientos y de mi tendencia habitual a juzgar y etiquetar, pensamientos como arrepentirse del pasado y tener miedo del futuro. Mi mente también buscaba mi identidad personal: la identidad de quién o qué le gustaba pensar que era. Me las arreglé para seguir las reglas de mi método, hasta que más caídas del mercado significaron que mis paradas se activaron y todas mis operaciones se cerraron. Volví a la mesa de mi escritorio.

Reconsideré mis métodos y formulé otros, escribí en mi diario, medité, fui al gimnasio. Hablé con colegas de *trading* y de Zen. Amigos y alumnos de confianza, algunos de los cuales ahora son como colegas, no escaparon a mi necesidad de revelación y duda. ¡Escuché *podcasts* sobre psicología de *trading*, expuse mis pensamientos y sentimientos a mi socio y me esforcé mucho para no vengarme del *trading*!

En resumen, hice lo que explico en este libro. Practiqué lo que predico. No perfectamente, pero lo mejor que pude. Después de todo, fue sólo otra lección en el camino del *trading* y el Zen. Las lecciones parecen interminables, pero valen su peso en oro.

El *trading* y el Zen son caminos únicos a seguir. Los caminos para cada uno de nosotros son tan diversos como nuestras mentes. Espero encontraros a muchos de vosotros en el camino conmigo.

# BIBLIOGRAFÍA

En lugar de enumerar los cientos de libros que he leído, los siguientes cuatro son los que considero fundamentales en mi carrera de *trading* y Zen.

## LIBROS SOBRE *TRADING*

ELDER, ALEXANDER: *Guía de estudio para el nuevo vivir del trading*, Ediciones Obelisco, Barcelona, 2022.

El libro del Dr. Elder fue el primero que me hizo darme cuenta de la importancia de la psicología en el *trading*. Hoy en día todavía recomiendo este libro a mis clientes, particularmente el primer tercio del libro, que explica cómo funciona la mente del *trader*.

BELLAFIORE, MIKE: *One Good Trade*, Wiley, 2010.

Mike fue uno de los primeros profesores de *trading* que vi que enfatizaba enfocarse intensamente en una operación cada vez, para estar sólo con esa operación, aquí y ahora. Compartimos el amor por el golf, y ese deporte puede ser similar al *trading*. Juegas mejor cuando te concentras y golpeas una bola cada vez. Concéntrate en hacer eso y tu puntuación en el golf (y en el *trading*) vendrá sola.

## LIBROS ZEN Y BUDISTAS

Kornfield, Jack: *Después del éxtasis, la colada*, La Liebre de Marzo, 2001.

Tantos buenos libros budistas y tantos autores estimados: el Dalai Lama, Daniel Goleman, Thich Nhat Hanh, Shunryu Suzuki y Pema Chodron, por nombrar sólo algunos. Sin embargo, me apasiona incorporar el budismo Zen a la cultura occidental y Jack lo hace muy bien con sus libros. Como sugiere el título, a pesar de nuestros éxitos en cualquier campo, debemos volver a lo básico y, simplemente, hacer el trabajo mundano, ya sea operar o una forma de autorrealización como el Zen.

### Otros libros relacionados

Goleman, Daniel: *Emociones destructivas, cómo entenderlas y superarlas*, Kairós, 2003

La asociación de Daniel Goleman con el Dalai Lama, en la que se fusiona la ciencia y el budismo, fue un trabajo innovador. El libro explora el pensamiento de algunas de las mentes científicas y filosóficas más importantes, y une el budismo y la neurociencia. Este libro me abrió los ojos a las posibilidades que existen, ¡dentro de una mente abierta!

### Más información sobre los temas de este libro

Los artículos sobre mentalidad de *trading*, meditación, cursos y sistemas de *trading* (incluidos más detalles sobre los sistemas vistos en este libro) están disponibles en mi sitio web: www.easysharetradingsystems.com.au.

# AGRADECIMIENTOS

Cualquier libro, sin importar cuán grande o pequeño sea, requiere aportes significativos de otros. Me siento muy agradecido por la ayuda, los consejos y la paciencia brindados por las siguientes personas: Un sincero agradecimiento a mi socia (y psicóloga clínica) Cynthia Hip-Waye, por su aporte profesional e incansable. Al Dr. Elder por su ayuda y crítica constructiva. A la Asociación Australiana de Analistas Técnicos y otros grupos de *trading* por invitarme regularmente a dar conferencias, porque así estimulan mi deseo de continuar con la investigación y el desarrollo. A los monjes del Centro de Meditación Kadampa (mi antiguo hogar) en Wamberal NSW, por su aceptación, apoyo y capacitación en meditación. A mi maestro Zen en Australia, Jishin Hoka, sin el cual el grupo Silky Oak Zen no existiría. A todos los miembros de Silky Oak Zen por su amor y apoyo. A Koro Kaisin (simplemente por existir), director de Open Gate Zendo (Boundless Mind Zen School) en Olympia, estado de Washington. A mis antiguos alumnos, clientes y compañeros de los grupos de intercambio de ideas de *trading* por plantear sus preguntas desafiantes. Por último, pero no menos importante, a todos mis amigos y familiares que me han animado (a pesar de su desconcierto a veces) a continuar con el *trading*, la escritura y el Zen.

# NOTA DE DESCARGO
# DE RESPONSABILIDADES

El material presentado en este libro no pretende ser un consejo para operar o invertir en ningún instrumento financiero específico o para utilizar métodos particulares de *trading* o de inversión. Los lectores no deben actuar basándose en ninguna información sin considerar adecuadamente su aplicabilidad a sus circunstancias financieras. Si no están calificados para hacer esto por sí mismos, deben buscar asesoramiento profesional. La decisión de invertir u operar es sólo individual. El autor renuncia expresamente a toda responsabilidad hacia cualquier persona, con respecto a cualquier cosa, y de las consecuencias de cualquier cosa, hecha u omitida por dicha persona basándose en la totalidad o en parte del contenido de este libro.

La inversión y el *trading* implican riesgo de pérdida. Los resultados anteriores no son necesariamente indicativos de resultados futuros.

Peter Castle no es un asesor de inversiones con licencia.

# ÍNDICE